Prekäre Freiheit

D1697994

Nicole Rosenberger, Norbert Staub (Hg.)

Prekäre Freiheit

Deutschsprachige Autoren im Schweizer Exil

Eine Publikation der Volkshochschule
des Kantons Zürich

© 2002 Chronos Verlag, Zürich
ISBN 3-0340-0569-5

Inhalt

Vorwort

Die Problematik der Schweiz als Land der Zuflucht wurde in jüngster Zeit auf breiter Basis diskutiert. Die in den neunziger Jahren international geäusserte Kritik am Verhalten der Schweiz gegenüber dem «Dritten Reich» erstreckte sich auch auf die damals sehr restriktive Flüchtlingspolitik. Der jüngst publizierte Bericht der Unabhängigen Expertenkommission Schweiz – Zweiter Weltkrieg hat diesbezüglich das Bild einer Nation gezeichnet, die weit weniger tapfer als neutrales Bollwerk agierte, als von manchen geglaubt, und zudem ihr Tun und Lassen häufig ohne Not vom grossen Nachbarn mitbestimmen liess.

Bei der schmerzvollen Demontage beliebt gewordener Mythen droht aus dem Blick zu geraten, dass die Alpenrepublik schon im 19. und frühen 20. Jahrhundert während Krisen und Kriegen in Europa zum geradezu natürlichen Exil für Verfolgte vor allem deutscher Herkunft geworden war. Diese bescherten dem Land einen bemerkenswerten kulturellen Reichtum. Dabei ging politische Dissidenz vielfach einher mit künstlerischem Engagement. Die in diesem Band versammelten Texte, entstanden anlässlich einer Ringvorlesung an der Volkshochschule des Kantons Zürich im Jahr 2001, rufen Künstler aus mehr als einem Jahrhundert Kulturgeschichte in Erinnerung. Sie erhofften sich von der Schweiz primär schlicht Schutz für Leib und Leben. Darüber hinaus diente das Land den Exilierten als freier und friedlicher Musterstaat in einem feudalen und kriegslüsternen Europa, als Basis für künstlerisches und politisches Wirken oder auch für eine bürgerliche Karriere jenseits der Kunst.

Ob sich diese Hoffnungen erfüllten, hing stark vom politischen Wind ab, der je nach Kanton und je nach Zeit unterschiedlich wehte – zumal in der instabilen Frühphase der staatlichen Einheit. So zeigt Nicole Rosenberger in ihrem Beitrag, dass das Schweizer Exil im Vormärz für die demokratisch gesinnten deutschen Autoren Georg Büchner, Georg

Herwegh und Ferdinand Freiligrath ganz unterschiedlich verlief. An diesen drei Emigrantenschicksalen spiegelt sich deshalb auch der Stand der liberalen Entwicklung in der Schweiz.

In Ernst Lichtenhahns Beitrag stehen die Auftritte des Dirigenten, Dichters und Komponisten Richard Wagner in Zürich im Zentrum. An ihnen wird beleuchtet, wie der flüchtige 48er-Revolutionär in der Zürcher Gesellschaft aufgenommen wurde und wie sich der berühmte Dresdener Hofkapellmeister mit den vergleichsweise provinziellen Zürcher Theaterverhältnissen arrangierte. Die Zürcher Erfahrungen inspirierten Richard Wagner zum Entwurf eines auf dem Selbstverständnis eines demokratischen Gemeinwesens basierenden Stadttheaters.

Während des Ersten Weltkriegs suchten viele pazifistische Schriftstellerinnen und Schriftsteller in der Schweiz Zuflucht. Albert M. Debrunner legt am Beispiel von René Schickele, Leonhard Frank, Andreas Latzko, Ferruccio Busoni und Annette Kolb dar, wie sich diese Emigranten von der Schweiz aus gegen den Krieg und das Deutsche Kaiserreich zu Wort meldeten. Die von René Schickele betreute Zeitschrift *Die weissen Blätter,* die ab 1916 in Zürich herausgegeben wurde, bot ihnen ein Forum für literarisch-politische Stellungnahmen.

Ganz anders Thomas Mann. Der Nobelpreisträger lebte von 1933 bis 1938 in Küsnacht bei Zürich und äusserte sich während der ersten drei Jahre im Exil zu den Vorgängen in Deutschland nicht. Thomas Sprecher führt in seinem Beitrag vor, wie Manns Verzicht auf politische Stellungnahme und die Konzentration auf das literarische Schaffen letztlich als eine Form des Widerstands gegen Hitlers Nationalsozialismus verstanden werden muss.

Martin Stern leuchtet in seinem Beitrag aus, welche von Emigranten geschriebenen Theaterstücke zwischen 1933 und 1945 in der Schweiz inszeniert – oder eben nicht inszeniert werden konnten und wie diese Exildramatik vom Schweizer Publikum aufgenommen wurde. Viel von diesem reichhaltigen Schaffen vermittelte den Theaterbesuchern damals direkt oder indirekt Wissen über die Vorgänge in den faschistischen Nachbarländern und war darauf angelegt, das politische und moralische Gewissen der Zuschauer zu schärfen.

Ist am Theater wohl am beeindruckendsten zu sehen, wie Autoren im Schweizer Exil zu wirken imstande waren, so zeigt der von Martin Dreyfus stammende letzte Beitrag über Else Lasker-Schüler die beklemmende und kleinliche Seite der damaligen Realität. Vollkommen von der Unterstützung weniger Freunde abhängig, fristete die Dichterin in Zürich ein kümmerliches, vom Kulturbetrieb und den Behörden gleichermassen angefochtenes Dasein.

Bedanken möchten wir uns an dieser Stelle bei der Volkshochschule des Kantons Zürich, die uns die Realisierung der Ringvorlesung und die Publikation der Beiträge in diesem Band ermöglicht hat.

Nicole Rosenberger, Norbert Staub

Kampf «mit Mund und Hand»

Die radikalen Demokraten Georg Büchner, Georg Herwegh und
Ferdinand Freiligrath

Nicole Rosenberger

Im August 1836 schrieb der junge Schriftsteller Georg Büchner aus dem
Strassburger Exil an seine Eltern: «Es ist nicht im entferntesten daran zu
denken, dass im Augenblick die Schweiz das Asylrecht aufgibt. Die
Schweiz würde durch einen solchen Schritt sich von den liberalen
Staaten [...] lossagen und sich an die absoluten anschliessen.»[1] Büchner
vertraute offensichtlich darauf, dass die Schweiz ihren Ruf, ein liberaler
Staat zu sein, auch in einer Phase erhöhter Druckversuche nicht aufs
Spiel setzen würde. Die Eidgenossenschaft war nämlich den damaligen
Grossmächten Preussen, Frankreich und Österreich ein Dorn im Auge,
weil sie im Zuge der Julirevolution von 1830 Flüchtlinge aufgenommen
hatte. Als im Frühjahr 1836 bekannt wurde, dass deutsche Flüchtlinge
von Zürich aus einen Einfall in das Grossherzogtum Baden geplant
hatten, setzten die Grossmächte die Schweiz unter Druck und verlang-
ten eine restriktivere Asylpraxis. Gedroht wurde mit Grenzblockaden
und dem Abbruch der diplomatischen Beziehungen. Die Tagsatzung –
das war die für die Aussenpolitik zuständige Behörde – beschloss
daraufhin, alle Flüchtlinge, die die Sicherheit und Neutralität der
Schweiz gefährdeten, aus der Schweiz auszuweisen.[2]
In diesem Entscheid zeigt sich eine wesentliche Konstante der schweizerischen Flüchtlingspolitik des 19. und 20. Jahrhunderts, nämlich das
Lavieren des Kleinstaates zwischen seinen eigenen Interessen, den
Forderungen der Grossmächte und den Ansprüchen der politischen
Flüchtlinge. Georg Büchner vertraute 1836 darauf, dass die Schweiz
allen drei Forderungen gerecht werden könne. Die Schweiz werde, so
prophezeite er, «einen kleinen Knicks machen, und [die Grossmächte
werden] sagen, es sei ein grosser gewesen».[3]
Vor allem die deutschen Fürstentümer warfen der Schweiz in diesen
politisch unruhigen Jahren immer wieder vor, ein «Propagandanest für

deutsche Revolutionäre» zu sein. War dieser Vorwurf gerechtfertigt? –
Am Beispiel der drei Schriftsteller Georg Büchner, Georg Herwegh und
Ferdinand Freiligrath, die in der Schweiz vorübergehend Asyl fanden,
soll im Folgenden der Frage nachgegangen werden, ob die Schweiz ihr
demokratisches Image zu Recht hatte. Erfüllte sie die Erwartungen der
deutschen Intellektuellen, die sie aufnahm? Welche Rolle spielte das
Schweizer Exil für die Reformbemühungen in Deutschland? Und nicht
zuletzt soll gefragt werden, ob die deutschen Demokraten umgekehrt
auch die Politik und Kultur ihres Asyllandes beeinflussten.

Politischer Hintergrund

Zwischen 1830 und 1850 rangen in ganz Europa die alten, nach der
napoleonischen Ära wieder eingesetzten aristokratischen Systeme mit
den neuen, freiheitlichen Bewegungen. Grundsätzlich standen sich
dabei drei politische Lager gegenüber: die Konservativen, die Liberalen
und die Demokraten. Die Konservativen kämpften für den Erhalt der
bestehenden Ordnung. Das hiess für die meisten Länder, die Monarchie
beizubehalten und das Bürgertum – insbesondere das entstehende
Proletariat und die Bauern – von der Macht fernzuhalten. Angefochten
wurden die Konservativen zum einen von den Liberalen. Sie wollten die
alten Untertanenverhältnisse abschaffen und kämpften deshalb für
persönliche Freiheitsrechte, für Presse- und Meinungsfreiheit, für eine
unabhängige Justiz und für die Einführung von Verfassungen und
Parlamenten. Revolutionäre Umstürze lehnten die Liberalen allerdings
ab. Stattdessen hofften sie auf politische und gesellschaftliche Reformen
und vertrauten auf die konstitutionelle Monarchie.[4]
Für die radikalen Demokraten hingegen gingen die Forderungen der
Liberalen zu wenig weit. Ihrer Ansicht nach sollten sich die Länder ihrer
Monarchen vollständig entledigen und sie durch gewählte Regierungen
ersetzen. Zudem sollten auch die Unterschichten politisch beteiligt
werden. Entsprechend forderten sie ein allgemeines Wahlrecht und
strebten die Revolution an.[5]
Im Juli 1830 brach der Konflikt zwischen Bewahrern und Neuerern in
Paris offen aus. Das liberale Bürgertum erhob sich zur so genannten
Julirevolution und vertrieb König Karl X. Sogleich sprang der revolutio-

näre Funke von Frankreich auf den gesamten europäischen Kontinent über. Allerorts kam es zu lokalen Unruhen und Erhebungen. Doch der Sturz der aristokratischen Systeme gelang nicht. Im Gegenteil: in den meisten Ländern wurden die freiheitlichen Bewegungen in der Folge noch stärker unterdrückt und die politischen Aktivisten verfolgt. 1848 dann kam es zur zweiten europäischen Revolutionswelle. Doch auch dieses Mal konnten die alten Ordnungen in Europa nicht endgültig beseitigt werden.

Die Julirevolution von 1830 wirkte sich auch auf die Schweiz aus. Im Zuge von verschiedenen Unruhen wurden in einzelnen Kantonen liberale Verfassungen erzwungen: so unter anderem in Zürich, Bern, Luzern und Solothurn. Auch wenn in einigen dieser Stände die Konservativen zeitweilig nochmals die Oberhand gewannen, blieben die einmal eingeführten liberalen Kantonsverfassungen unangetastet. Im Sonderbundskrieg von 1847 dann setzten sich die liberalen Kantone endgültig gegen die Konservativen durch.[6]

Schien es im übrigen Europa nur die Wahl zwischen dem Ancien Régime und der Revolution zu geben, so wurde in der Schweiz trotz gewaltsamer Ausbrüche wie des Sonderbundskriegs eine allmähliche und folgerichtige Entwicklung zu einer freiheitlichen Ordnung möglich. Als einzige dauerhaft installierte Republik in Europa übte die Schweiz eine grosse Anziehungskraft auf die radikalen Demokraten im Ausland aus. Wegen ihrer Schriften im Heimatland verfolgt oder an der Veröffentlichung neuer Werke gehindert, emigrierten viele Intellektuelle zwischen 1830 und 1850 in die liberalen Schweizer Kantone. Denn hier war die Presse- und Meinungsfreiheit nicht nur garantiert, sondern es existierten auch Verlage, die politische Schriften druckten und in den reaktionären Nachbarländern zu vertreiben versuchten.[7]

Georg Büchner

Literatur und Politik waren im Vormärz, also in den beiden Jahrzehnten nach 1830, ganz selbstverständlich miteinander verflochten. Literatur wollte damals ins politische Tagesgeschäft eingreifen und etwas bewegen. Dafür ist der Werdegang des Dramatikers Georg Büchner bezeichnend. Er begann seine schriftstellerische Karriere als Verfasser der sozialrevolutionären Flugschrift *Der Hessische Landbote* und wurde deswegen in seiner Heimat Hessen über Nacht zum Verfolgten. Seine radikal demokratische Einstellung zeigt sich jedoch auch in der Themenwahl seines dramatischen Werks. Sein Drama *Dantons Tod* stellt die französische Revolution von 1789 ins Zentrum. Und das Drama *Woyzeck* zeigt, wie ein einfacher Soldat aus einer sozialen Notlage heraus einen Mord begeht. Der Täter Woyzeck ist bei Büchner zugleich Opfer einer Gesellschaft, die die sozial Schwachen ausbeutet.

Vertraut mit dem revolutionären Gedankengut wurde Büchner in Strassburg, wo er 1831 sein naturwissenschaftliches Studium begann. Hier waren die Nachwehen der Julirevolution noch zu spüren: Es kam fast täglich zu öffentlichen Demonstrationen. In Strassburg befreundete sich Büchner mit republikanisch gesinnten Intellektuellen und wurde Mitglied verschiedener Gesellschaften, die sich für soziale Gerechtigkeit einsetzten. Als er 1833 nach Hessen zurückkehrte, war er bereits so weit politisiert, dass er Umgang mit anderen deutschen radikalen Demokraten pflegte. Er machte kein Hehl daraus, dass er eine Revolution in seiner Heimat für nötig hielt. Allerdings war Büchner der Ansicht, dass die Zeit dafür noch nicht reif sei. So gehörte er zwar nicht zu jenen revolutionären Studenten, die 1833 die Hauptwache der Frankfurter Polizei stürmten, doch erklärte er sich mit den Zielen der Attentäter solidarisch: «Wenn in unserer Zeit etwas helfen soll, so ist es Gewalt. […] Man wirft den jungen Leuten den Gebrauch der Gewalt vor. Sind wir denn aber nicht in einem ewigen Gewaltszustand? Weil wir im Kerker geboren und grossgezogen sind, merken wir nicht mehr, dass wir im Loch stecken mit angeschmiedeten Händen und Füssen und einem Knebel im Munde. Was nennt Ihr denn gesetzlichen Zustand? Ein Gesetz, das die grosse Masse der Staatsbürger zum fronenden Vieh macht, um die unnatürlichen Bedürfnisse einer unbedeutenden und verdorbenen Minderzahl zu befriedigen? Und dies Gesetz […] ist eine ewige, rohe Gewalt […] und ich werde mit Mund und Hand dagegen kämpfen, wo ich kann.»[8]

Der 20-Jährige hat in dieser Passage seinen künftigen Lebensweg skizziert: Mit «Mund» und «Hand», das heisst mit Literatur und politischen Taten, sollte er die ungerechten Verhältnisse bekämpfen. Seine erste politische Handlung war ein Meineid. Mit einer Falschaussage entlastete er einen ehemaligen Mitschüler, der am Frankfurter

Georg Büchner (1813–1837).

Wachensturm beteiligt gewesen war. Damit unternahm Büchner den ersten, bewussten Schritt in die politische Konspiration. Weitere folgten. Im Frühling 1834 gründete er zusammen mit dem protestantischen Pfarrer Friedrich Ludwig Weidig die «Gesellschaft der Menschenrechte» in Giessen und in Darmstadt. Ziel dieser geheimen Verbindung war die Schaffung einer Republik. Mit politischen Flugschriften sollte die Masse für die Revolution gewonnen werden. Den Anfang machte Büchner mit dem Pamphlet *Der Hessische Landbote,* das er 1834 schrieb. «Friede den Hütten! Krieg den Palästen», so lautet der Einstieg zu dieser berühmten Flugschrift. Sie ist eine scharfe Abrechnung mit dem Leben der «Vornehmen»: «[…] sie wohnen in schönen Häusern, sie tragen zierliche Kleider, sie haben feiste Gesichter und reden eine eigene Sprache; das Volk aber liegt vor ihnen wie Dünger auf dem Acker.»[9] Die politische Stossrichtung ist klar: Hier wird zur Schaffung einer Gesellschaft aufgerufen, in der es keine Trennung zwischen Arm und Reich gibt. Das zeigt: Büchner war letztlich mehr Sozialist als Republikaner. Er forderte nicht nur persönliche Freiheit und Demokratie, sondern vor allem soziale Gerechtigkeit. Sein Zielpublikum war denn auch das einfache Volk, die Bauern und Handwerker. Ihnen rechnete Büchner vor, was der Staat zu ihrer Unterdrückung an Steuergeldern ausgab:

«Sechs Millionen bezahlt ihr im Grossherzogtum einer Handvoll Leute, deren Willkür Euer Leben und Eigentum überlassen ist. [...] Ihr habt nichts, ihr seid rechtlos, ihr müsset geben, was eure unersättlichen Presser fordern und tragen, was sie euch aufbürden.»[10] Dieser unmissverständliche Aufruf zur Revolution konnte in Hessen nicht ungestraft ertönen.

Der grosse Teil der 300 gedruckten Exemplare wurde durch den Verrat eines Beteiligten konfisziert. Jenen, die die Schrift in Umlauf gebracht hatten, wurde der Prozess gemacht. Büchner, als Verfasser des *Landboten* denunziert, entkam vorerst einer Verhaftung, weil stichhaltige Beweise fehlten.[11] Diese wurden jedoch in der Folge zusammengetragen – und kurz bevor der Haftbefehl 1835 gegen Büchner erlassen wurde, floh der junge Revolutionär nach Strassburg. Zwei oder drei Jahre Kerkerhaft hätten ihn, schrieb der Flüchtige am 9. März 1835 seinen Eltern, «körperlich und geistig zerrüttet [...]. Dies stand mir so deutlich vor Augen, dessen war ich so gewiss, dass ich das grosse Übel einer freiwilligen Verbannung wählte.»[12] Die im April 1835 einsetzende Verhaftungswelle gab ihm Recht: Sein Mitstreiter Weidig wurde inhaftiert und starb nach zwei Jahren im Darmstädter Gefängnis. Er war bis zuletzt zermürbenden Verhören und Folterungen ausgesetzt gewesen. Büchners sozialrevolutionäre Botschaft kam in Hessen zu früh: Die Bauern händigten die wenigen Exemplare des *Landboten,* die überhaupt in Umlauf gebracht werden konnten, der Polizei aus. Büchner war genug Realist, um zu erkennen, dass die Zeit für eine Revolution noch nicht reif war. So hielt er sich in seinem Exil in Strassburg und später in Zürich von jenen Emigrantenkreisen fern, die vom Ausland aus die Revolution zu schüren versuchten.[13]

Georg Büchner blieb eineinhalb Jahre in Strassburg. Hier schrieb er den *Woyzeck,* das Lustspiel *Leonce und Lena* und die Novelle *Lenz.* Den grössten Teil seiner Zeit aber widmete er seiner Doktorarbeit über das Nervensystem von Fischen. Er hoffte, seine Existenz als freier Autor durch eine akademische Stelle finanzieren zu können. Eine greifbare Alternative zu den deutschen Universitäten, die den Emigranten versperrt waren, bot die 1833 eröffnete Hochschule in Zürich, die viele fortschrittliche deutsche Gelehrte angestellt hatte. Am 3. September 1836 erhielt Büchner den Zürcher Doktortitel. Nun stand ihm der Weg für eine Lehrtätigkeit in der Limmatstadt offen.

Mit einem Führungszeugnis vom Strassburger Polizeikommissar gelangte Büchner bereits zwei Wochen später brieflich an Johann Jakob Hess, Bürgermeister der Stadt Zürich und Regierungsrat: «Die politischen Verhältnisse Teutschlands zwangen mich mein Vaterland vor ungefähr anderthalb Jahren zu verlassen. […] Das beyliegende Zeugnis kann beweisen, dass ich seit der Entfernung aus meinem Vaterlande allen politischen Umtrieben fremd geblieben bin und somit nicht unter die Kategorie derjenigen Flüchtlinge gehöre, gegen welche die Schweiz […] neuerdings die gekannten Massregeln ergriffen [hat]. Ich glaube daher auf die Erfüllung einer Bitte zählen zu dürfen, deren Verweigerung die Vernichtung meines ganzen Lebensplanes zur Folge haben würde.»[14] Zum einen signalisierte Büchner dem liberalen Zürcher Politiker Hess, dass er mit der herrschenden Asylpraxis einverstanden war und nicht dagegen verstossen wollte. Zum andern unterstrich er die Wichtigkeit des Exilortes für seine Existenz: Einzig Zürich bot dem steckbrieflich Gesuchten die Möglichkeit, seinen Beruf als Wissenschaftler und Schriftsteller auszuüben. Büchner verlangte nicht viel von seinem Asylland. Und dieses hatte denn auch nichts dagegen, den nicht mehr aktiven Revolutionär aufzunehmen.

Am 18. Oktober 1836 bezog Büchner ein kleines möbliertes Zimmer an der heutigen Spiegelgasse 12 in Zürich. Sein Vermieter war der einflussreiche Arzt und liberale Regierungsrat Hans Ulrich Zehnder. Dieser gehörte wie Hess zu jener Minderheit von Zürcher Politikern, die sich auch in aussenpolitischen Krisenzeiten für den Schutz der politischen Flüchtlinge einsetzten. Nach seinem Habilitationsvortrag vor der Philosophischen Fakultät erhielt Büchner bereits Anfang November die Venia Legendi. Gleich darauf begann er mit seinem ersten Kurs an der Universität über vergleichende Anatomie. An dieser Vorlesung nahmen lediglich fünf Hörer teil, wovon drei wirklich interessiert zu sein schienen, wie Büchner einem Freund berichtete. Der Zürcher Regierungsrat gewährte dem Emigranten bereits Mitte November eine Aufenthaltsbewilligung für sechs Monate mit der Möglichkeit einer Verlängerung. Falls er die ordentlichen Ausweisschriften seiner Heimatbehörden nicht beschaffen konnte, war eine Kaution von 800 Franken zu bezahlen. Es ist nicht klar, wie Büchner diesen Betrag beschaffen wollte. Denn von seiner Dozententätigkeit an der Universität konnte er nur gerade mit jährlichen Einnahmen von 100 Franken rechnen.[15]

Trotz dieser drohenden finanziellen Schwierigkeiten und der Trennung von seiner Verlobten in Strassburg war Büchner mit seinem neuen Domizil zufrieden. In einem Brief an seine Eltern schwärmte er: «Lasst euch nur nicht durch die Ammenmärchen in unsern Zeitungen stören. Die Schweiz ist eine Republik; und weil die Leute sich gewöhnlich nicht anders zu helfen wissen, als dass sie sagen, jede Republik sei unmöglich, so erzählen sie den guten Deutschen jeden Tag von Anarchie, Mord und Totschlag. Ihr werdet überrascht sein, wenn ihr mich besucht; [...] überall freundliche Dörfer mit schönen Häusern, und dann, je mehr Ihr Euch Zürich nähert [...] ein durchgreifender Wohlstand [...]. Die Strassen laufen hier nicht voll Soldaten, Accessisten und faulen Staatsdienern, man riskiert nicht von einer adeligen Kutsche überfahren zu werden; dafür überall ein gesundes, kräftiges Volk und um wenig Geld eine einfache, gute, rein republikanische Regierung.»[16]

Die Schweiz verkörperte für Büchner offenbar so etwas wie das bessere Deutschland, und zwar sowohl von der staatlichen wie der ökonomischen Organisation her. Auf Letzterer liegt in der erwähnten Schilderung sogar der Schwerpunkt. Den Vorteil des Schweizer Regierungssystems begründet er weder humanistisch noch sozial, sondern wirtschaftlich: die republikanische Regierung empfiehlt sich vorab durch ihren günstigen Unterhalt. Für Büchner beweist der relative Wohlstand, dass das Land in einem ökonomischen Gleichgewicht steht. Das straft die in Deutschland gängige Meinung Lügen, das Schweizer Steuersystem sei für den Einzelnen eine erdrückende Last. Vielmehr garantiert der schlanke Staatsapparat ein Minimum an Wohlstand für alle und damit soziale Gerechtigkeit. Wie viel Freiheit und Wohlstand der junge Dozent im Zürcher Exil hätte geniessen können, muss allerdings offen bleiben. Denn er starb am 19. Februar 1837, nur gerade vier Monate nach seiner Einreise, an Typhus.

Georg Büchner war zwar ein politischer Flüchtling, jedoch einer, der in der Schweiz keinerlei politische Ziele mehr verfolgte. Es ging ihm vor allem um den Aufbau einer beruflichen Existenz als Wissenschafter. Dieser Weg wäre ihm in jener ausgesprochen liberalen Phase weit offen gestanden; unter dem Gründungsrektor Lorenz Oken wurden zahlreiche bedeutende Wissenschafter, die sich ihrer liberalen Grundhaltung wegen in Deutschland unmöglich gemacht hatten, nach Zürich berufen, unter ihnen etwa der Mediziner Johann Lucas Schönlein. Nicht zuletzt dank diesen vertriebenen deutschen Intellektuellen entwickelte sich diese Universität in Kürze zu einer gewichtigen Bildungsstätte. Als der Emigrant Büchner in Zürich bestattet wurde, gaben ihm denn auch mehr als zweihundert angesehene Persönlichkeiten das letzte Geleit.

Georg Herwegh

Schwerer tat sich Zürich hingegen mit Georg Herwegh. Der junge Schwabe kam nicht wie Büchner als «ausgewachsener» und desillusionierter Revolutionär in die Schweiz. Vielmehr war es gerade der Fluchtort Zürich, der auf den jungen Dichter politisch prägend wirkte. Das Schweizer Exil und der Umgang mit anderen deutschen Emigranten radikalisierten ihn entscheidend. Allerdings fiel sein Aufenthalt zu Beginn der vierziger Jahre in eine Zeit, in welcher der konservative Geist in Zürich nochmals Fuss zu fassen vermochte.

Weil der in Stuttgart geborene Herwegh einen württembergischen Offizier beleidigt hatte, sollte er zur Strafe in die Armee eingezogen werden. Um dem Dienst zu entgehen, floh er 1839 in die Schweiz. Auch wenn das Fluchtmotiv eher persönlicher als politischer Natur gewesen ist, war der 22-Jährige doch alles andere als ein unpolitischer Zeitgenosse. Er wollte als Schriftsteller politisch wirken. In seinem ersten Zufluchtsort Emmishofen bei Konstanz schrieb er für ein deutsches Oppositionsblatt über Literatur und Gesellschaft. «Ich wollte über Literatur schreiben und habe mit der Politik angefangen. Natürlich. Das Abzeichen der modernen Literatur ist eben, dass sie ein Kind der Politik, deutlicher gesprochen, ein Kind der Julirevolution ist. […] Sie datiert von der Reise Börne's nach Frankreich, von Heinrich Heine's Reisebildern. Sie datiert von der Opposition gegen Göthe. […] Ich liebe Göthe, ich weiss, dass er der grösste Künstler ist, den Deutschland geboren […], aber Göthe […] sympathisierte nur mit der Ewigkeit, nicht auch mit der Zeit […]. Und die Zeit forderte Sympathien.»[17]

Auch wenn Herwegh forderte, dass Literatur politisch Stellung beziehen soll, waren seine ersten Gedichte, die 1841 unter dem Titel *Gedichte eines Lebendigen* erschienen, nicht durchweg einer politischen Richtung zuzuordnen. Stattdessen waren viele von einem allgemeinen Pathos des Aufbruchs geprägt. Bereits im Titel der Sammlung wird signalisiert, dass hier die Jugend Anspruch auf die Gestaltung der Zukunft erhebt. Programmatisch protestiert das Gedicht mit dem Titel *Die Jungen und die Alten* gegen den Ausschluss der Erneuerer:

«Du bist jung, du sollst nicht sprechen!
Du bist jung, wir sind die Alten!
Lass die Wogen erst sich brechen
Und die Gluten erst erkalten!
[…]
Lern, mein Lieber, erst entsagen
Lass die Flammen erst verrauchen,
Lass dich erst in Ketten schlagen
Dann vielleicht kann man dich brauchen!»[18]

In einigen Gedichten drückt sich Herweghs demokratische Gesinnung allerdings deutlich aus. Das Wort sei *vor* allen Königen da gewesen, lässt der junge Dichter mit Bezug auf die Schöpfungsgeschichte im Gedicht *Das freie Wort* verlauten. Die Unterdrückung des Volks durch die Fürsten wird darin nicht nur mit der Unterdrückung der freien Meinungsäusserung gleichgesetzt, sondern auch als Vergehen gegen die göttliche Ordnung gebrandmarkt.

«[…] Habt ihr es nicht gelesen:
Das Wort war *vor* dem Rhein?
Im Anfang ist's gewesen
Und soll drum ewig sein.
Und eh ihr einen Schläger
Erhebt zum Völkermord,
Sucht unsern Bannerträger,
Das freie Wort!»[19]

Obwohl offiziell in Deutschland verboten, wurde das Buch in drei Jahren 15'600-mal verkauft. Das war für damalige Verhältnisse ein Grosserfolg. Die *Gedichte eines Lebendigen* hatten offensichtlich den Nerv der Zeit getroffen.
Neben den deutschen Lesern waren auch die jungen Schweizer Schriftsteller beeindruckt. Auf Gottfried Keller scheinen sie geradezu elektri-

Georg Herwegh (1817–1875).

sierend gewirkt zu haben: «Eines Morgens, da ich im Bett lag, schlug ich den ersten Band der Gedichte Herweghs auf und las. Der neue Klang ergriff mich wie ein Trompetenstoss, der plötzlich ein weites Lager von Heervölkern aufweckt.»[20] Inspiriert von dieser politischen Lyrik schaltete sich der junge Keller mit Agitationsversen selbst in die Kämpfe zwischen liberalen und katholischen Kantonen ein. Im folgenden Gedicht, das den Titel *Herwegh* trägt, attestierte der junge Schweizer seinem deutschen Vorbild eine Vorreiterrolle im Ringen um eine neue, freiheitliche Ordnung – auch für die Schweiz:

«Schäum' brausend auf! Wir haben lang gedürstet,
Du Goldpokal, nach einem jungen Wein,
Da traf in dir ein guter Jahrgang ein,
Wir haben was getrunken, was gebürstet!

Noch immer ragt Zwing-Uri hoch gefirstet,
Noch ist die Zeit ein stummer Totenschrein,
Der Schläfer harrt auf seinem Osterschein –
Zum Wecker bist vor vielen du gefürstet!

Doch wenn nach Sturm der Friedensbogen lacht,
Wenn der Dämonen finstre Schar bezwungen,
Zurückgescheut in ihres Ursprungs Nacht:

Dann soll dein Lied, das uns nur Sturm gesungen,
Erst voll erblühn in reicher Frühlingspracht:
Nur durch den Winter wird der Lenz errungen!»[21]

1840 übersiedelte Herwegh von Emmishofen nach Zürich. Hier verkehr-
te er mit namhaften deutschen Intellektuellen, die dem demokratischen
Lager angehörten; unter ihnen August Follen, Julius Fröbel, Lorenz
Oken und Wilhelm Schulz. Insbesondere Fröbel hatte einen grossen
Einfluss auf Herwegh. Die *Gedichte eines Lebendigen* erschienen in dem
von Fröbel 1840 gegründeten Verlag «Das Literarische Comptoir in
Zürich und Winterthur». Zudem animierte Fröbel den jungen Dichter,
für die von ihm herausgegebene Zeitschrift *Der Deutsche Bote aus der
Schweiz* zu schreiben. Mit Berichten über die Musterrepublik Schweiz
wollte dieses Blatt in Deutschland für republikanisches Gedankengut
werben. Fröbel versuchte jedoch nicht nur, mit politischen Schriften und
Zeitschriften von der Schweiz aus in Deutschland zu wirken, sondern er
engagierte sich auch in der hiesigen Tagespolitik. Als Mitglied der
Zürcher Radikalen übernahm er zeitweilig sogar die Leitung des Partei-
organs *Der Schweizerische Republikaner.*[22]
In dieser Funktion mischte er sich in die Zürcher Parteienkämpfe ein,
die nach dem so genannten Züriputsch von 1839, der Rückkehr der
Konservativen in die Regierung, ausgebrochen waren. Auf der Seite der
Zürcher Konservativen kämpfte der Deutsche Friedrich Rohmer. Da
Rohmer ein ehemaliger Freund von Fröbel war, wurde der Zürcher
Streit zwischen den regierenden Konservativen und den oppositionellen
Liberalen und Radikalen zu einem persönlichen Kampf im deutschen
Lager. Es kam zu einer eigentlichen Schlammschlacht, bei der neben
Fröbel auch Herwegh die Feder gegen Rohmer führte. Für Herwegh
hatte dieses Engagement allerdings schwerwiegende Konsequenzen.
Der plötzlich aufbrechende Hass der Zürcher gegen die deutschen
Emigranten, die sich in Schweizer Angelegenheiten einmischten, richte-
te sich hauptsächlich gegen seine Person. Denn während Rohmer von
der konservativen Regierung gedeckt war und Fröbel dank seiner Heirat

mit einer Zürcherin das Schweizer Bürgerrecht besass, war der Status des zur Verhaftung ausgeschriebenen Herwegh höchst unsicher. Die Affäre Rohmer führte dazu, dass der berühmte Schriftsteller seine Aufenthaltsbewilligung im Kanton Zürich verlor.[23] Begründet wurde die Ausweisung mit Herweghs journalistischer Tätigkeit beim *Deutschen Boten*. Das könne, wurde befürchtet, für die Schweiz zu aussenpolitischen Problemen führen: So empfahl der Zürcher Polizeirat der Regierung, «[e]s möchte dem Herrn Herwegh in Berücksichtigung, dass er [...] als Redakteur des ‹Deutschen Boten› politische Tätigkeit ausüben werde, und dass dadurch leicht unangenehme Verhältnisse und Verwicklungen mit fremden Staaten herbeigeführt werden könnten, die verlangte Aufenthaltsbewilligung nicht gestattet, sondern demselben insinuiert werden, innert acht Tagen den hiesigen Kanton zu verlassen».[24] Nach Beschluss des Zürcher Regierungsrats musste Herwegh den Kanton bis am 19. Februar 1843 verlassen haben. Das zeigte deutlich, dass nach dem «Züriputsch» für Exilanten ein rauheres Klima herrschte. Wurden Büchner und andere Flüchtlinge unter den liberalen Regierungsräten Hess und Zehnder willkommen geheissen, so waren sie nun unter den Konservativen nur noch ungern geduldet. Dabei hatte sich die Haltung der Tagsatzung gegenüber den europäischen Grossmächten in der Zwischenzeit verändert: Der Erlass von 1836, nach dem Flüchtlinge, die sich von der Schweiz aus in den Nachbarstaaten politisch betätigten, ausgewiesen werden sollten, war schon seit Jahren nicht mehr in Kraft. Die Zürcher aber beriefen sich im Falle Herweghs gerade auf solche Verwicklungen. Abgesehen davon war es Fröbel und Herwegh laut Zürcher Gesetz durchaus erlaubt, den *Deutschen Boten* herauszugeben. Ob er in Deutschland vertrieben werden konnte, war hingegen Sache der deutschen Zensurbehörden. Die aussenpolitischen Befürchtungen der Zürcher Regierung müssen deshalb als Vorwand bezeichnet werden. Die Stimmung gegen die deutschen Emigranten hatte andere Gründe: Sie verkörperten – als Hochschuldozenten, Verleger und Schriftsteller – jenen liberalen Fortschritt, den man nach 1839 am liebsten wieder rückgängig gemacht hätte. Da man die einheimischen Liberalen und Demokraten nicht ausweisen konnte, tat man es wenigstens mit den Fremden. Die Musterrepublik Schweiz hatte, zumindest was Zürichs Verhalten gegenüber Herwegh betraf, ihr demokratisches Versprechen nicht eingehalten.

Liberaler als Zürich war in jenen Jahren der Kanton Baselland. Herwegh
erhielt hier in der Gemeinde Augst gegen Bezahlung von 600 Franken
das Bürgerrecht. Leisten konnte er sich dieses allerdings nur dank seiner
Verlobung mit der reichen Berliner Kaufmannstochter Emma Sieg-
mund, seiner späteren Frau. Obwohl Herwegh nicht im Kanton Baselland Wohnsitz nahm – er lebte zwischen 1843 und 1848 in Paris –,
verfügte er nun über das schützende Bürgerrecht in einem Schweizer
Kanton und damit über gültige Papiere.[25]
Herwegh wurde zu einem bewussten und intimen Kenner der Schweizer
Verhältnisse. Überraschend ist, dass wir in seinen Aussagen über die
Schweiz auf jene Ideologie stossen, die dann vor allem nach der
Bundesstaatsgründung von 1848 für die Herausbildung eines schweize-
rischen Nationalgefühls verantwortlich ist. Ausgerechnet dieser aus
Zürich weggewiesene deutsche Emigrant beteiligte sich mit seinen
Texten an der ideologischen Erfindung der Schweiz als der ersten und
gottgewollten Demokratie.
So stellt Herwegh 1842 im Gedicht *Die Schweiz* sein damaliges Asylland
als quasi natürlichen Ort der Freiheit dar:

«Land der Sehnsucht, drin die Berge wie der Freiheit Prachtstatüen,
Wie aus blankem Gold und Silber von dem Herrn gegossen, glühen;
Berge, die er seinem Himmel als die letzten Säulen gab,
Wiege seiner Wetterwolken, seiner Adler einsam Grab!

Land der Sehnsucht, drin die Ströme sich wie mutige Rebellen
In die Ebne niederstürzen, auch der Rhein mit seinen Wellen,
Auch der Rhein mit seinen Wellen, der die vielen Worte hört –
Ob's die deutschen Fürsten ahnen, dass sich auch der Rhein empört?
[...]

Einstens, hört ich, ging ein Engel durch die Herren Länder fragen,
Ob ihr Boden nicht den Samen auch der Freiheit möchte tragen?
Und er bat um wenig Erde, und er bat um wenig Raum,
Wenig Raum und wenig Erde braucht ein solcher Freiheitsbaum.

Doch sie riefen ihre Schergen in die Täler, auf die Hügel,
Und der Engel nahm den Samen wieder unter seine Flügel,

Trug ihn aus dem finstern Lande in der Berge Purpurschein,
Senkt ihn statt in lockrer Erde in den Schoss der Felsen ein.

Also musst er seine Wurzeln wie die junge Tanne treiben:
Mög er auch wie eure Tannen immer grün, o Schweizer bleiben!
Sicher vor des Himmels Blitze und vor eurer eignen Hand,
Sicher vor des Fremdlings Witze und – vor eignem Unverstand.»[26]

Für Herwegh droht der Schweiz von aussen keine Gefahr, da sie ein
quasi natürliches Prinzip verkörpere. Allein schon die alpine Landschaft
verhindere den Absolutismus. Gefahr drohe höchstens von innen, vom
«eigenen Unverstand». Wie genau er damit den Kern des sich im
19. Jahrhundert erst langsam herausbildenden schweizerischen Selbst-
verständnisses getroffen hat, zeigt die Wiederkehr dieses Bildes im
Rahmen der so genannten geistigen Landesverteidigung. Hundert Jahre
später sollte die Schweizer Bergwelt wieder ganz ähnlich verwendet
werden, nämlich als Symbol der unbeugsamen Demokratie im faschistischen Europa.

Sein Gespür für Zukünftiges bewies Herwegh auch bezüglich der
deutschen Nationalstaatsgründung. Während sich überzeugte deutsche
Demokraten nach der gescheiterten deutschen Revolution von 1848 auf
die Seite Bismarcks schlugen und die nationale Einigung Deutschlands
als vorrangiges Ziel sahen, hielt Herwegh an der Forderung nach einer
deutschen Republik fest. In seinem anlässlich der deutschen Reichsgründung von 1871 entstandenen Gedicht *Epilog zum Kriege* setzt er in
fast sarkastischem Ton die Menschenrechte über den nationalen Kriegs-
taumel:

«[...] Du bist im ruhmgekrönten Morden
Das erste Land der Welt geworden:
Germania, mir graut vor Dir!
Mir graut vor Dir, ich glaube fast,
Dass Du, in argen Wahn versunken,
Mit falscher Grösse suchst zu prunken
Und dass Du, gottesgnadentrunken,
Das Menschenrecht vergessen hast.»[27]

Für Herwegh blieb die Schweiz zeit seines Lebens das «bessere Deutschland». Nach dem Scheitern der deutschen Revolution von 1848 flüchtete er erneut über den Rhein und lebte bis 1866 in Zürich. Dank dem Vermögen seiner Frau konnte er während Jahren relativ unbeschwert leben. Doch als das Familienvermögen aufgebraucht war, musste das Ehepaar nach Baden-Baden übersiedeln, wo Georg Herwegh 1875 starb. Seine Gattin brachte den Leichnam ihres Mannes in die Schweiz zurück: Sie bestand darauf, ihn in der – wie sie sagte – republikanischen Erde der basellandschaftlichen Gemeinde Liestal zu begraben.

Ferdinand Freiligrath

Ähnlich wie Herwegh ist auch der Dichter Hermann Ferdinand Freiligrath für die meisten Leser heute nur noch von historischem Interesse. Der heldische Ton vieler seiner Gedichte machen ihn für die Ohren des 21. Jahrhunderts schon beinahe zur Zumutung. Und doch gehörte Freiligrath Mitte des 19. Jahrhunderts zu den populärsten deutschen Schriftstellern. Mit dem sieben Jahre jüngeren Herwegh gibt es bemerkenswerte biographische und werkgeschichtliche Überschneidungen. Zum einen hat Freiligrath wie Herwegh durch den Vormärz zu seinem Stoff und Stil gefunden: Auch bei ihm wurde die Einführung einer freiheitlichen, demokratischen und sozial gerechten Ordnung in Deutschland zum Dreh- und Angelpunkt des Werks.
Allerdings drang Freiligrath erst allmählich dazu vor. Einen Namen gemacht hatte er sich zuerst als Verfasser von exotischen Phantasien, die etwa die Abenteuer von Piraten oder das Leben im Dschungel verherrlichten. Er war damit um 1840 eine bekannte Grösse in der deutschen Literaturszene geworden. Dies änderte sich, als die *Gedichte eines Lebendigen* Herwegh schlagartig zum Mittelpunkt des literarischen Tagesgesprächs machten. 1842 kam es dann gar zu einer öffentlichen Kontroverse zwischen dem noch unpolitischen Freiligrath und dem politisch engagierten Herwegh. Anlass für den Streit war Freiligraths Gedicht *Aus Spanien*. Es widerspiegelt eine Episode aus den spanischen Kämpfen zwischen Revolutionären und Reaktionären: Diego Leon, ein spanischer Konterrevolutionär, wird von einem ehemaligen Waffengefährten ermordet. Freiligraths Ode verherrlichte seinen Tod. Der Stoff

Ferdinand Freiligrath (1810–1876).

war zwar politisch – doch als Dichter selbst wollte Freiligrath bewusst nicht in die Niederungen der Politik hinabsteigen. Zwei Zeilen im Gedicht sollten diese Haltung verdeutlichen: «Der Dichter steht auf einer höheren Warte / Als auf den Zinnen der Partei!»[28]
Wider Willen geriet Freiligrath mit diesem Gedicht dennoch mitten in die politische Auseinandersetzung: die Konservativen sahen den Dichter als einen der Ihren an, hatte er sich doch anscheinend mit einem Monarchisten identifiziert. Der preussische König sprach Freiligrath daraufhin sogar eine jährliche Pension von 300 Talern zu. Herwegh aber fühlte sich durch Freiligrath herausgefordert und antwortete ihm seinerseits mit einem Gedicht. Es trägt den unmissverständlichen Titel: *Die Partei. An Ferdinand Freiligrath*. Darin zeigt sich Herweghs Position, dass der Dichter letztlich Politiker sein müsse. Der folgende Vers illustriert diese Haltung: «Die Fürsten träumen, lasst die Dichter handeln!»[29]
Im Zuge dieser Kontroverse machte Freiligrath einen Bewusstseinswandel durch. Sichtbares Zeichen dafür war die Gedichtsammlung *Ein Glaubensbekenntnis*, die er 1844 noch in Deutschland publizierte. Im Vorwort erklärt Freiligrath den klar politischen Charakter dieser Gedichte mit der aktuellen Entwicklung in Deutschland: «Die jüngste

Wendung der Dinge in meinem engeren Vaterlande Preussen hat mich
[…] in vielfacher Weise schmerzlich enttäuscht, und sie ist es vornehm-
lich, welcher die Mehrzahl der […] Gedichte ihre Entstehung verdankt.
Keines derselben […] ist gemacht; jedes ist durch die Ereignisse geworden, ein […] Resultat ihres Zusammenstosses mit meinem Rechtsgefühl
und meiner Überzeugung, als der gleichzeitig gefasste Entschluss, meine
vielbesprochene kleine Pension in die Hände des Königs zurückzu-
legen.»[30] «Glaubensbekenntnis» war also nicht nur der Titel der Gedichtsammlung, sondern auch der Akt deutlicher Distanznahme von
Preussens König Friedrich Wilhelm IV. Freiligrath hatte sich damit vom
Image des Hofdichters und Profiteurs befreit.

Im Herbst 1844 verfügte ein deutsches Fürstentum nach dem anderen
Beschlagnahme und Verbot des *Glaubensbekenntnisses* mit der Begründung, diese Gedichte gefährdeten die öffentliche Ruhe und seien maje-
stätsbeleidigend. Freiligrath flüchtete daraufhin nach Belgien. Hier
pflegte er Kontakt zum politischen Flüchtling Karl Marx, der zu dieser
Zeit gerade an seiner Geschichtsphilosophie arbeitete. Dass diese Begegnung für Freiligrath von grosser Bedeutung war, zeigen die später in der
Schweiz entstandenen Gedichte im Band *Ça ira*.

Im März 1845 übersiedelte Freiligrath in die Schweiz, in die Nähe von
Rapperswil. In einem Brief an Karl Simrock schreibt er: «In die Schweiz
– nicht zu den Schweizern! Dort hat man wenigstens Natur […] die
denn doch am Ende die rechte und einzige Trösterin ist und bleibt – auch
im Exil!»[31] Nicht die politische, sondern die landschaftliche Attraktivi-
tät der Schweiz scheint also den Ausschlag gegeben zu haben, sie als Exil
zu wählen. Zudem waren die preussischen Grenzen in Belgien doch so
nahe, dass der lange Arm der deutschen Behörden zu fürchten war.
Freiligrath teilte die fast schwärmerische Zuneigung, die andere Exilierte
zur Schweiz gefasst hatten, nicht: «Bei uns Fürsten, hier Aristokraten
und Jesuiten – das ist die nämliche Geschichte. Hole der Teufel das
Lumpenpack alle zusammen!»,[32] lautete schon kurz nach seiner Ankunft sein Verdikt.

Die Texte, die er in der Schweiz schrieb, weisen weder auf den
Entstehungsort noch auf die relative Ruhe hin, die Freiligrath im
Schweizer Exil genoss. Im Gegenteil. Sein beschauliches Dasein am
Zürichsee kontrastierte mit der immer grösseren Dringlichkeit seiner
Stoffe. In Rapperswil entstand im August 1845 das erste der eigentlich

revolutionären Gedichte, das eindringliche *Leipzigs Toten!* Es nahm einen aktuellen Vorfall zum Anlass – die dreizehn Toten bei der Niederschlagung einer antimonarchischen Protestaktion –, um die Willkür der deutschen Fürsten anzuprangern.

Da Freiligrath keine ordnungsgemässen Papiere vorweisen konnte und die preussischen Behörden sich weigerten, seinen Pass zu erneuern, wollte ihn der Kanton St. Gallen ausweisen. Dem kam Freiligrath im Herbst 1845 durch den Wegzug in den liberaleren Kanton Zürich zuvor.[33] Am 4. Dezember schrieb er: «Die erste Züricher Zeit hat sich schon ziemlich inspiriert und arbeitssam angelassen, und wenn es so fortgeht, so denke ich um Ostern wieder ein politisches Bändchen gleich dem Glaubensbekenntnis, aber noch entschiedener, fertig zu haben.»[34] Gemeint ist damit der unter dem Titel *Ça ira* erschienene Band. «Ça ira», das war der Schlachtruf der französischen Revolution von 1789. In diesen Gedichten forderte Freiligrath denn auch ganz offen zur Revolution auf und gab im Gedicht mit dem Titel *Wie man's macht* gar eine Handlungsanleitung:

«So wird es kommen, eh' ihr denkt: – Das Volk hat nichts zu beissen mehr!
Durch seine Lumpen pfeift der Wind! Wo nimmt es Brot und Kleider her? –
Da tritt ein kecker Bursche vor; der spricht: ‹Die Kleider wüsst' ich schon!
Mir nach, wer Rock und Hosen will! Zeug für ein ganzes Bataillon!›
Und wie man eine Hand umdreht, stellt er in Rotten sie und Reihn,
Schreit: ‹Linksum kehrt! und Vorwärts marsch!› und führt zur Kreisstadt sie hinein. […]
Patronen her! Geladen, Kerls! Und pflanzt die Bajonette auf! […]
Und wie ein Sturm zur Hauptstadt geht's! Anschwillt ihr Zug lawinengleich!
Umstürzt der Thron, die Krone fällt, in seinen Angeln ächzt das Reich!
Aus Brand und Blut erhebt das Volk sieghaft sein lang zertreten Haupt: –
Wehen hat jegliche Geburt! – So wird es kommen, eh' ihr glaubt.»[35]

Das Buch konnte wegen der Zensur nicht in Deutschland verlegt werden. Es erschien stattdessen im Verlag «Das Literarische Institut» im appenzellischen Herisau. Der Verleger war der junge Schweizer Michael Schläpfer, der neben Texten von deutschen Emigranten auch das liberale *Herisauer Wochenblatt* herausgab. Dass sich nicht nur Deutsche wie Julius Fröbel, sondern auch Schweizer Verleger für die Sache der deutschen Demokraten einsetzten, unterstreicht, dass die politischen Forderungen nach Freiheit und Gleichheit nicht vor Grenzen Halt machten.[36] Allerdings sahen dies nicht alle Schweizer Verleger und Buchhändler gern. Einige fürchteten um ihr Geschäft mit Deutschland, da die Einfuhrvorschriften für Druckerzeugnisse aus der Schweiz immer rigider wurden. Dennoch muss festgehalten werden, dass mehrere Schweizer Verlage in dieser Zeit die Schriften bedeutender deutscher Revolutionäre druckten, denen eine politische Betätigung in ihrer Heimat gänzlich verboten war. Somit konnten die politisch Verfolgten von der Schweiz aus die radikale Bewegung innerhalb Deutschlands unterstützen.

Freiligrath wurde es in der Schweiz bald zu eng. Er hatte in Zürich vergeblich eine Anstellung gesucht, die ihm und seiner Familie die Existenz sichern würde. Im Sommer 1846 übersiedelte Freiligrath deshalb nach London, wo er bis zum Ausbruch der Märzrevolution blieb. Vom revolutionären Umsturz begeistert, kehrte er 1848 nach Deutschland zurück und schloss sich den Demokraten an. Nach der gescheiterten Revolution emigrierte Freiligrath ein zweites Mal nach England, wo er bis 1868 blieb und notabene als Leiter einer Schweizer Bank arbeitete.

Büchner, Herwegh und Freiligrath: Die Schweiz war als Exil für jeden dieser demokratisch gesinnten deutschen Autoren lebenswichtig – aber aus je unterschiedlichen Gründen. Bei Büchner könnte man von einem beruflichen und wissenschaftlichen Exil sprechen. Es ging ihm nicht um revolutionäre Umtriebe, sondern um den Aufbau einer durchaus bürgerlichen Existenz. Wie vielen fortschrittlichen Deutschen des Vormärz bot die Universität Zürich auch ihm ein Schlupfloch.

Bei Herwegh erfüllt sich die denunziatorische Vorstellung vom Schweizer Exil als einem «Propagandanest für deutsche Revolutionäre» am ehesten. Seine politischen Anliegen wollte und konnte er von hier aus weiterführen, nicht zuletzt dank seinem Verleger Julius Fröbel. Herwegh hat sich aber auch intensiv mit der Schweiz auseinander gesetzt. Wenn man nach gegenseitiger Beeinflussung und Befruchtung zwischen Exilierten und dem Exilland Schweiz sucht: Herwegh verkörpert diesen Idealtypus des Exils in dieser Epoche am besten. Allerdings haben die Zürcher seine Einmischung in die Tagespolitik nicht goutiert.

Für Freiligrath schliesslich war die Schweiz eine Etappe des Exils, das ihn für lange Zeit nach England führte. Die Schweiz war, wenn auch nur für kurze Zeit, eine Insel ruhigen Arbeitens und – wie bei Herwegh – die publizistische Basis. Auch er fand hier einen Verlag, der sein revolutionäres Werk druckte.

Die drei Emigrantenschicksale zeigen zudem, dass man für die dreissiger und vierziger Jahre des 19. Jahrhunderts nicht von *dem* Asylland Schweiz sprechen kann. Denn auch die Schweiz war in dieser Zeit politisch instabil. So verlief das Exil je nach Ankunftszeit und Domizil anders. Die einzelnen Emigrantenschicksale sind deshalb so etwas wie ein Spiegel für den jeweiligen Stand der liberalen Entwicklung in der Schweiz.

Anmerkungen

1 Georg Büchner: Schriften und Briefe, hg. v. Henri Poschmann, Frankfurt am Main 1999, S. 447.
2 Georges Andrey: Auf der Suche nach dem neuen Staat (1798–1848), in: Geschichte der Schweiz und der Schweizer, hg. v. Beatrix Mesmer et al., Basel 1986, S. 603 f.
3 Büchner (wie Anm. 1), S. 454.
4 Wolfgang Mommsen: 1848. Die ungewollte Revolution, Frankfurt am Main 1998, S. 20 ff.
5 Ebd., S. 27 ff.
6 Pierre Felder: Vom Ancien Régime zu den Anfängen der modernen Schweiz, in: Die Schweiz und ihre Geschichte, hg. v. Pierre Felder, Helmut Meyer et al., Zürich 1998, S. 260 ff.
7 Vgl. dazu Hans Gustav Keller: Die politischen Verlagsanstalten und Druckereien in der Schweiz 1840–1848, Bern, Leipzig 1935.
8 Büchner (wie Anm. 1), S. 366 f.
9 Ebd., S. 53.
10 Ebd., S. 65.
11 Jan-Christoph Hauschild: Georg Büchner. Biographie, Stuttgart 1993, S. 376 ff.
12 Büchner (wie Anm. 1), S. 396 f.

13 Hauschild (wie Anm. 11), S. 487 ff.

14 Büchner (wie Anm. 1), S. 452 f.

15 Hauschild (wie Anm. 11), S. 584 ff.

16 Büchner (wie Anm. 1), S. 457.

17 Georg Herwegh: Literatur im Jahre 1840, in: ders.: Über Literatur und Gesellschaft (1837–1841), Berlin 1971, S. 117.

18 Georg Herwegh: Die Jungen und die Alten, in: Herweghs Werke in einem Band,
Berlin, Weimar 1975, S. 32.

19 Ebd., S. 28.

20 Guido Bachmann: Das grosse Kind aus Schwaben, in: Basler Nachrichten vom
19. Oktober 1974.

21 Gottfried Keller: Herwegh, in: ders.: Sämtliche Werke, hg. v. Thomas Bönning et
al., Bd. I (Gedichte), Frankfurt am Main 1995, S. 58.

22 Hans-Georg Werner: Einleitung, in: Herweghs Werke (wie Anm. 18), S. IX f.

23 Jörg-Christoph von Forster: Phantasie, Phrasen und Fanatismus im Vormärz. Eine
historische Untersuchung von Leben und Werk der Dichter Ferdinand Freiligrath
und Georg Herwegh im Spiegel der Literatur, Diss. Nürnberg 1978, S. 149 ff.

24 Ebd., S. 216 f.

25 Bachmann (wie Anm. 20).

26 Herwegh (wie Anm. 18), S. 106 f.

27 Ebd., S. 272 f.

28 Ferdinand Freiligrath: Aus Spanien, in: ders.: Werke I, Teil 2, Hildesheim 1974,
S. 11–13.

29 Herwegh (wie Anm. 18), S. 113–115.

30 Freiligrath (wie Anm. 28), S. 9.

31 Wilhelm Buchner: Ferdinand Freiligrath. Ein Dichterleben in Briefen, Bd. II, Lahr
1882, S. 143 f.

32 Ebd., S. 166.

33 Von Forster (wie Anm. 23), S. 327 f.

34 Buchner (wie Anm. 31), S. 171.

35 Freiligrath (wie Anm. 28), S. 97–99.

36 Keller (wie Anm. 7).

«... eine ganz neue Sphäre der bürgerlichen Anschauung»

Zu Richard Wagners Zürcher Aufenthalt

Ernst Lichtenhahn

Im Februar 1849 erschien in den Dresdener *Volksblättern* ein Aufsatz mit dem Titel *Der Mensch und die bestehende Gesellschaft.* Die bestehende Gesellschaft, so war hier zu lesen, sei geprägt von «Fürstenmacht» und «Adelsvorrechten», sie sehe ihren grössten Feind «in der zunehmenden Volksbildung», und deshalb wolle sie dem Menschen vorenthalten, was seine «Bestimmung» und sein «Recht» sei, nämlich «durch die immer höhere Vervollkommnung seiner geistigen, sittlichen und körperlichen Fähigkeiten zum Genusse eines stets wachsenden, reineren Glückes zu gelangen». Bis heute werde dieses Recht dem Menschen vorenthalten. Nun aber, im Jahre 1848, habe endlich «der Kampf des Menschen gegen die bestehende Gesellschaft begonnen», und dieser Kampf, diese Revolution müsse jetzt durchgefochten werden. – Der Aufsatz erschien ohne Namensnennung, der Verfasser aber war kein anderer als Richard Wagner, der erste Kapellmeister der Dresdener Oper, ein königlicher Beamter also, der sich hier recht gefährlich weit vorwagte.[1]

Kurz nach Erscheinen des Textes, im Mai 1849, kam es in Dresden zum Aufstand. Seit genau einem Jahr existierte damals die «deutsche Nationalversammlung», jenes in der Frankfurter Paulskirche gegründete demokratische Bürgerparlament, das seither daran arbeitete, eine einheitliche deutsche Reichsgründung auf der Basis der Volkssouveränität und im Geiste freiheitlicher Volksrechte durchzusetzen. Doch die Fürstenhäuser, allen voran Metternichs Habsburgerstaat Österreich und Preussen, aber auch Sachsen, waren nicht bereit, die neue Verfassung anzuerkennen. Dies führte zum Volksaufstand. Rasch wurde die Revolution niedergeschlagen, auch in Dresden mit der Hilfe preussischer Truppen. Die Revolutionäre wurden gefasst und verurteilt. Auch der Kapellmeister Wagner, den man mit den Aufständischen auf den Barrikaden gesehen hatte, sollte verhaftet und – wie später aus dem sächsischen Königshaus verlautete – zum Tode verurteilt werden. Doch Wagner entzog sich der Verhaftung durch seine Flucht.

Sein Ziel war eigentlich Paris. Dort, in der Stadt, die im Bereich der Oper führend war und in der auch die neue Revolution ihren vielversprechenden Anfang genommen hatte, erhoffte sich Wagner neue berufliche Erfolge. Eine neue Oper, *Wieland der Schmied,* sollte dort ausgearbeitet und aufgeführt werden, und dazu hatte Wagners Freund Franz Liszt eindringlich geraten. Der sicherste Weg nach Paris führte über Bayern und die Schweiz; ein Schweizer Pass würde sodann die Einreise nach Frankreich ermöglichen. In Zürich lebte ein Bekannter aus der Würzburger Zeit, der Musiklehrer Alexander Müller, der sollte Wagner zu dem Pass verhelfen. Der Plan gelang unter Mithilfe der Zürcher Staatsschreiber Dr. Jakob Sulzer und Franz Hagenbuch. Rasch war Wagner im Besitz seines Passes – Grösse der Person nach diesem Dokument 166,5 cm, Alter 36 Jahre –, und am 2. Juni kam Wagner auch schon in Paris an. Doch wieder, wie schon einmal, vor zehn Jahren, wurde Paris für Wagner zur grossen Enttäuschung. Die Cholera wütete, und der Opernbetrieb war nach wie vor fest in der Hand Meyerbeers. «Acht Tage in Paris genügten, um mich über den gewaltsamen Irrtum aufzuklären, in den ich hineingeworfen worden war. Erlass es mir», so schreibt er einem Freund, «Dir hier umständlich über die empörende Nichtswürdigkeit des Pariser Kunsttreibens, namentlich auch was die Oper betrifft, mich auszulassen.»[2]

Am 6. Juli war Wagner wieder in Zürich, hier blieb er bis August 1858, neun Jahre also. Darauf folgte eine Zeit in Venedig, danach die erste Luzerner Zeit. 1862 wurde Wagner die volle Amnestie gewährt und die Rückkehr nach Deutschland gestattet. – Soweit der Rahmen.

Um Richard Wagners Zürcher Jahre also geht es. Die spannenden Perspektiven sind in der Einleitung zur Ringvorlesung, für die dieser Beitrag entstand, vorgegeben: Vom kulturellen Reichtum, den die verfolgten Kulturschaffenden der Schweiz bescherten, soll die Rede sein, nach der Schätzung, die sie hier erfuhren, wird gefragt, aber auch nach den Lebensumständen und nach den von den prekären Umständen diktierten Werken. Allerdings stand diese Ringvorlesung unter dem Titel *Schriftsteller im Schweizer Exil.* Für Wagner musste da die Perspektive zwar nicht völlig verschoben, aber doch erweitert werden. Wagner war ja in erster Linie Musiker, Komponist und Opern-

Richard Wagner (Zeichnung von Ernst
Benedikt Kietz, Paris 1850).

kapellmeister. Trotzdem passt Wagner durchaus in den vorgegebenen
Rahmen, denn auf Wagners gesamtes künstlerisches Schaffen hin gesehen, sind die literarischen Arbeiten der Zürcher Jahre umfangreicher
und entscheidender als die musikalischen. Zum einen sind es kunst-
theoretische Schriften, die hier entstanden – *Die Kunst und die Revolution, Das Kunstwerk der Zukunft* und *Oper und Drama* (in der Urschrift
abgeschlossen im Januar 1851) –, zum andern weite Teile der dichterischen Texte zu den eigenen Musikdramen, zum *Siegfried,* zum *Rhein-
gold* und zur *Walküre,* zu *Tristan und Isolde* und in ersten Entwürfen
auch bereits zu den *Meistersingern.*
Dennoch sollen in dem vorliegenden Beitrag nicht diese schriftsteller-
schen Arbeiten im Vordergrund stehen. Sie auch nur in groben Zügen
vorzustellen, würde den Rahmen sprengen, und überdies hat sich eine
kaum mehr überschaubare Wagner-Literatur des Langen und Breiten mit
ihnen beschäftigt. Den Schwerpunkt soll hier vielmehr ein besonderer,
scheinbar nebensächlicher Aspekt von Wagners Zürcher Tätigkeit abge-
ben: seine Auftritte als Dirigent am Zürcher Stadttheater. Diese Auftritte
blieben zwar in der Tat Episode, doch bei näherem Zusehen erweisen sie
sich als aufschlussreich: Erstens lässt sich an ihnen verfolgen, wie Wagner
in der Zürcher Gesellschaft aufgenommen wurde, zweitens ist es span-
nend zu beobachten, wie sich der gefeierte Dresdener Hofkapellmeister

mit den doch vergleichsweise provinziellen Zürcher Theaterverhältnissen arrangierte, und drittens steht Wagners Tätigkeit am Zürcher
Theater schliesslich doch auch in einer ganz direkten, merkwürdigen
Beziehung zu den schriftstellerischen Arbeiten. Denn zumal die Arbeiten zur Dramentheorie sind – knapp und vorläufig skizziert – allesamt
darauf ausgerichtet, die Oper in ihrer herkömmlichen Form als künstlerischen und gesellschaftlichen Irrtum zu denunzieren und an ihre Stelle
eine neue Form zu setzen, das «Drama der Zukunft». Eine Beschäftigung
mit dem herkömmlichen Opernrepertoire ist also eigentlich das Letzte,
was von Wagner gerade in den frühen Zürcher Jahren zu erwarten wäre.

Voraussetzungen

Wenn wir uns ein Bild von den inneren Voraussetzungen und Bedingungen machen wollen, unter denen Wagner in Zürich Wohnung nahm, und
zugleich von dem Geist, in dem er hier aufgenommen wurde, so können
uns ein paar Bemerkungen aus Wagners Selbstbiographie *Mein Leben*
einige Anhaltspunkte geben.
Die erste Ankunft in Zürich Ende Mai 1849, als es zunächst eben nur
darum ging, einen Pass für Paris zu erwirken, ist da folgendermassen
geschildert: «Die Fahrt im Postwagen durch das freundliche St. Gallener
Ländchen nach Zürich erheiterte mich ungemein: als ich am letzten Mai,
abends gegen sechs Uhr, von Oberstrass hinab nach Zürich einfuhr und
zum ersten Male in glänzender Sonnenbeleuchtung die den See begren-
zenden Glarner Alpen glänzen sah, beschloss ich sofort, ohne dies
deutlich im Bewusstsein zu fassen, allem auszuweichen, was mir hier
eine Niederlassung verwehren könnte.»[3] Dann erwähnt Wagner, wie er
Müller traf und dieser ihn mit den beiden Staatsschreibern Sulzer und
Hagenbuch zusammenbrachte. Und Wagner fährt fort: «Ich wurde von
diesen Menschen […] sogleich mit so achtungsvoll neugieriger Teilnahme empfangen, dass ich mich in ihrer Gesellschaft augenblicklich
wohlfühlte. Die grosse bescheidene Sicherheit, mit der sie sich von
ihrem naiv gewohnten republikanischen Standpunkte aus über die
Verfolgungen, die mich betroffen, äusserten, versetzte mich in eine ganz
neue Sphäre der bürgerlichen Anschauung des Lebens. Ich kam mir hier
so sicher und geborgen vor, während ich dort, durch den sonderbaren

Zusammenhang meines Ekels vor den öffentlichen Kunstzuständen mit der allgemeinen politischen Aufregung, ohne genaues Bewusstsein davon in die Lage, als Verbrecher angesehen zu werden, geraten war.» Es lohnt sich, genau hinzuhören: Da ist zunächst die etwas merkwürdige Behauptung, schon bei der ersten Ankunft in Zürich, als er ja nur daran dachte, möglichst rasch nach Paris zu kommen, habe er innerlich, quasi ohne es noch selber zu wissen, beschlossen, dass er hier in Zürich bleiben wolle. Das ist typisch für Wagner: Die Selbstbiographie *Mein Leben* ist viel später geschrieben, zwischen 1865 und 1880, und da zeigt Wagner immer wieder die Tendenz, etwas, das sich oft eher zufällig ergab, nachträglich als im Innersten quasi unbewusst Geplantes und Gewolltes darzustellen, mit andern Worten: die Tendenz, die innere Logik und Notwendigkeit des eigenen Weges und Wirkens hervorzuheben. Das hat zweifellos seine zwei Seiten: Zum einen erweckt und verstärkt es den etwas unangenehmen Eindruck, da stelle sich einer als von der Vorsehung in besonderer Weise Geführter, um nicht zu sagen als ein Auserwählter dar. Zum andern allerdings ist es fraglich, ob Wagner den Weg, den er unter ständigen Schwierigkeiten gegangen ist, und die künstlerischen Leistungen, die er meist deutlich gegen den Strom seiner Zeit erbracht hat, ohne eine solche Überzeugung überhaupt hätte gehen und erbringen können. Und es ist auch fraglich, ob er die Zürcher Jahre ohne das ständige Bestreben, den eigenen Weg sich selber und den andern als den richtigen zu beweisen, so fruchtbar zu gestalten vermocht hätte, wie dies tatsächlich der Fall war.

Von der mitgeteilten Stelle aus der Selbstbiographie her lohnt sich aber auch ein Blick auf die andere Seite, auf die Zürcher und ihre Haltung Wagner gegenüber. Was Wagner da festhält, das Interesse und die Anteilnahme, die er erfährt, das dürfte durchaus so gewesen sein. Nicht zuletzt durch Müller und dessen Schüler Wilhelm Baumgartner, den Komponisten von *O mein Heimatland* und andern Gedichten Gottfried Kellers, war Wagner als der Komponist des *Fliegenden Holländers* und des *Tannhäusers* den Zürcher Musikfreunden und der Zürcher Gesellschaft zweifellos ein Begriff. Schon zwei Jahre zuvor, 1847, hatte Müller in einem Konzert mit seinem Zürcher Gesangverein Szenen aus Wagner-Opern aufgeführt. Hinzu kam, dass die in monarchischen deutschen Landen wegen Eintretens für die Demokratie Verfolgten in der Schweiz durchaus Sympathie genossen. Das erfuhren ja auch weit

Radikalere als Wagner, ein Georg Herwegh beispielsweise. Und in Bernhard Spyri, dem Mann von Johanna Spyri und Redaktor der *Eidgenössischen Zeitung*, fand Wagner einen wichtigen und hilfreichen Anwalt. Dass diese Sympathie jedoch aus einem «naiv gewohnten republikanischen Standpunkt» heraus bekundet wurde, wie Wagner es darstellt, ist eine merkwürdige Verniedlichung, so als wären die Schweizer quasi in einem Rousseau'schen Sinne die geborenen Urdemokraten und Urrepublikaner, die einfach nichts anderes kennen – «naiv gewohnt» ... Zutreffender ist es wohl zu sagen, dass die Zürcher, die Schweizer sich sehr wohl der Tatsache bewusst waren, dass es ihnen bereits gelungen sei, die neue Staatsordnung, um die Deutschland noch kämpfte, zu verwirklichen, dies aber durchaus auch im Bewusstsein, dass die neue Bundesverfassung, die ja erst ein Jahr alt war, erst hatte erkämpft werden müssen und dass sie nicht ohne die schmerzliche Erfahrung des Bruderzwistes, nämlich des Sonderbundskrieges, hatte durchgesetzt werden können. Nicht um Naivität handelt es sich also, sondern viel eher um selbstbewusstes Mitfühlen und Mitleiden – daneben natürlich sicher auch ein Stück weit um das kulturelle Interesse, das Profitierenwollen von der Anwesenheit berühmter und bedeutender Emigranten.

Das galt auch im Falle Richard Wagners. Die musikinteressierten Kreise Zürichs hofften durchaus, sich die Anwesenheit des Kapellmeisters aus einer der damals führenden Konzert- und Opernstädte Deutschlands zunutze machen zu können. Im öffentlichen Musikleben Zürichs, damals eine Stadt mit 33'000 Einwohnern, dominierten die Allgemeine Musikgesellschaft und das Aktientheater. Eine gemeinsame Programmpolitik gab es kaum, und vor allem die Qualität der Orchesterkonzerte war wenig befriedigend. Es lag nahe, dass beide Institute lebhaft an einer Mitarbeit des Musikers aus Dresden interessiert waren. Wagner geriet dadurch aber eben in eine merkwürdige Situation, und dem ist nun genauer nachzugehen.

Neben dem zweifellos vorhandenen gesellschafts- und sozialpolitischen Engagement unter dem Einfluss Feuerbachs, Proudhons, Bakunins und anderer Vorkämpfer für Revolution und sogar für Anarchie hatte Wagners Teilnahme am Dresdener Aufstand auch ganz persönliche und künstlerische Gründe gehabt. Er litt unter einer kleinlichen königlichen Theaterverwaltung und Bürokratie, die ihm seine Arbeit als Kapellmeister immer wieder erschwerte. Und er litt auch unter dem starren, der Macht einiger weniger ausgelieferten Opernbetrieb, der als jämmerliche «Kunstindustrie» bloss auf den Profit ausgerichtet sei. So hatte er es ja gerade jetzt auch in Paris wieder erleben müssen.[4] Er wollte einen Schlussstrich ziehen, Abstand gewinnen und sich nun – halb gezwungenermassen natürlich – erst einmal auf die theoretische Reflexion konzentrieren, auf eine breit angelegte Darstellung der schlechten Zustände in Kunst und Gesellschaft und die Ausführungen darüber, wie sie geändert werden könnten. Schon Ende Juli 1849 schrieb Wagner sein erstes Zürcher Traktat, *Die Kunst und die Revolution*. (Er schrieb es in seinem kleinen Schlafzimmer in der Wohnung Müllers am Rennweg 55; etwas später, als auch seine Frau Minna in Zürich angekommen war, zog er in die hinteren Escherhäuser am Rennweg 18 in der Gemeinde Hottingen. In den vorderen Escherhäusern, Zeltweg 11, wo sich heute die Gedenktafel befindet, wohnten die Wagners erst ab 1851.)[5] In *Die Kunst und die Revolution* geht es Wagner darum, aufzuzeigen, dass in der herrschenden, egoistisch auf Macht und Profit ausgerichteten Gesellschaft eine wahre, menschliche Kunst für alle nicht möglich sei. Kunst und Gesellschaft müssen revolutioniert werden; dem bisherigen Opernbetrieb erteilt Wagner eine schroffe Absage.

Wie wenig folgerichtig es war, dass er sich in Zürich nun doch in den Opernbetrieb einspannen liess, hat Wagner selber deutlich empfunden. Im Oktober 1850 schickte er seinem Freund Theodor Uhlig nach Dresden einen Bericht über die eben vergangenen ereignisreichen Wochen. Uhlig, Mitglied der Dresdener Hofoper, war der treuste Verbindungsmann, den der Verbannte zum verlorenen Wirkungskreis und zum nachrevolutionären Sachsen hatte. Wagner, damals ein Verfechter der Kleinschreibung, teilt Uhlig mit: «Wunderlicher weise hat meine theilnahme an der hiesigen oper allerdings eine etwas veränderte bedeutung angenommen, als ich anfangs dachte. […] ich dirigirte selbst […]. Zurückziehen aber muss ich mich, weil ich mit dem besten willen nicht ersehe, wie ein repertoir behauptet werden solle, welches verhüte, dass auf der andern seite eingerissen werde, was ich auf der einen aufbaue.»[6]

Die krasse Formulierung macht deutlich, wie radikal das gängige Opernrepertoire, das auch in Zürich gespielt wurde, und das «Kunstwerk der Zukunft» in Wagners Vorstellung einander widersprachen.

Das Kunstwerk der Zukunft

Was Wagner das «Drama der Zukunft» oder mit noch höherem Anspruch eben schlechthin das «Kunstwerk der Zukunft» nennt und der
traditionellen Oper und letztlich aller bisherigen Kunst radikal entgegen-
setzt, ist ein Gebilde, in dem sich gesellschaftliche und künstlerische
Anliegen vermischen. In grober Vereinfachung lässt sich sagen, dass das
Kunstwerk der Zukunft nach Wagners Vorstellung das allgemeine
Kunstwerk sein soll, einerseits als ein «demokratisches» Kunstwerk für
alle, andrerseits als eine Verbindung der Künste, die sich vom blossen
Nebeneinander der Künste, das für Wagner die traditionelle Oper
charakterisiert, unterscheiden soll. Beide Gesichtspunkte, der gesellschaftliche und der ästhetische, sind enthalten im Begriff des «Gesamtkunstwerks».
Wagners Teilnahme am Dresdener Maiaufstand steht mit der gesellschaftlichen Seite des Gesamtkunstwerks in engem Zusammenhang:
Demokratisierung, so wie sie auch der eingangs zitierte Aufsatz aus den
Volksblättern fordert, war für Wagner vor allem Demokratisierung im
Bereich der Bildung, der Kunst und des Theaters, Öffnung des Theaters,
das bisher für eine Elite reserviert gewesen sei, fürs Volk, Abbau
höfischer Intendantenherrschaft. Wagners politische Theorien sind mit
seiner Kunsttheorie aufs engste verbunden. Am besten lässt sich dies an
Wagners Vorstellungen vom alten Griechenland zeigen. Hier, im altgrie-
chischen demokratischen Staat, sieht er seine Vorstellung von politischer
Gemeinschaft am ehesten verwirklicht, als die «grosse Synthesis von
Individuum und Kollektiv»,[7] die Form von Gemeinschaft des Volkes, in
der alle herrschaftlichen egoistischen Privatinteressen aufgegeben sind.
Entscheidend ist nun aber, dass Wagner als Zentrum dieser Polis nicht
eine Regierung oder eine Staatsverwaltung sieht, nicht die Politik,
sondern – die grosse festliche Vereinigung des Volks zu Tragödienaufführungen, zu theatralischen Ereignissen. Wagner sagt denn auch: «Die
Kunst ist die höchste Tätigkeit des im Einklang mit sich und der Natur
sinnlich schön entwickelten Menschen.»
An diese zugleich politische und künstlerische Vorstellung von der
antiken Tragödienaufführung schliesst Wagners eigenes Konzept des
Dramas, das heisst des «Dramas der Zukunft», des «Gesamtkunstwerks», ganz unmittelbar an. Kunsttheoretisch geht es Wagner vor allem

darum, dass die drei «Schwesterkünste» Dichtung, Tonkunst und Tanz wieder in die enge Verbindung treten, die nach seiner Auffassung das griechische Drama ausgezeichnet hatte, die aber in der Operngeschichte zerstört worden sei. In der Geschichte der Oper, die für Wagner die Geschichte eines Irrtums ist, herrsche nicht die Gemeinschaft, sondern der «Egoismus» der Künste: Die Musik dominiert; ihrem Formenkanon muss der Textdichter sich unterwerfen. Merkmale dieser «absoluten» Musik sind die Trennung von Rezitativ und Arie, starre Arienformen, stereotype Kadenzperiodik, Virtuosität nicht aus dramatischer Notwendigkeit, sondern aus egoistischer Sängereitelkeit.

Das Gegenprogramm, das Wagner in den Zürcher Schriften entwirft und in der *Ring*-Tetralogie in die Wirklichkeit zu führen sucht, ergibt sich aus der Opernkritik. Ausgangspunkt soll die Dichtung sein, eine Dichtung aber – Wagner spielt hier auf Theorien Rousseaus und Herders an –, die sich gleichsam ihres musikalischen Ursprungs erinnert, nicht «Buchdichtung» ist, sondern Verlautbarung, musikable Dichtung. Im Gegensatz zu Versmetrik und Endreimschema gehört der Stabreim zu den Eigenschaften, die nach Wagners Auffassung die Dichtung musikalisch verlebendigen, schon rein klanglich Sinnzusammenhänge stiften. Dieser Dichtung soll die Melodie – als innewohnende Sprachmelodie – sich anschmiegen, wobei sie notwendigerweise ihr selbständiges, «absolutes» Formelwesen aufgeben muss. Das Meer der Töne, aus dem sich diese Melodie erhebt, ist die instrumentale Basis, die «Orchestermelodie», wie Wagner sagt. Der Tanz schliesslich soll als unmittelbare Verkörperung des Sprachgestus – nicht als Ballett, sondern als Bewegung des Schauspielers – in die Einheit der Künste wieder aufgenommen werden.

Wagners Zürcher Opernaufführungen

Wie kam nun Wagner überhaupt dazu, in Zürich Opern zu dirigieren? Der unmittelbare Anlass war der folgende: 1850 beherbergte Wagner, der mit Frau Minna, Schwägerin und Haustieren damals eine Wohnung im Haus zum Abendstern in der Gemeinde Enge hatte, einen jungen Musiker namens Karl Ritter. Vielleicht aus Dankbarkeit für den Besuch dieses Künstlers aus Dresden in einem nicht überaus glücklichen

Haushalt, jedenfalls aber um Ritter zu fördern, verhalf Wagner ihm zu einer Kapellmeisterstelle am Zürcher Theater. In einem Gespräch mit dem damaligen Theaterdirektor, Philipp Warburg Kramer, kam die Abmachung zustande. Als Vermittler hatte Sulzer gewirkt, der zu Wagners engstem Freundeskreis gehörte und zusammen mit dem Musiker Baumgartner und Bernhard Spyri die von Wagner so genannte Dreieinigkeit bildete.

Da er sich über die Fähigkeiten Ritters offenbar nicht ganz im Klaren war, gestand Wagner der Direktion zu, selber die künstlerische Verantwortung und notfalls auch Einstudierung und Leitung einer Oper zu übernehmen, falls Ritters Leistung nicht befriedigen sollte. In der Tat erwies sich Ritter schon in den ersten Proben als unfähig, und Wagner blieb nichts anderes übrig, als sich selbst an die Arbeit zu machen. So brachte er am 4. Oktober 1850 den *Freischütz* heraus und eine Woche später Boieldieus *Weisse Dame*. Dass er es aber bei diesem Zustande nicht belassen wollte, zeigen seine umgehenden Bemühungen, einen andern jungen Freund, der als angehender Student der Jurisprudenz im Thurgauischen bei seinem Vater auf Besuch war, nach Zürich und auf eine musikalische Laufbahn zu bringen: Hans von Bülow. Bülow kam und zeigte sich der Aufgabe weit besser gewachsen als Ritter. Publikum und Opernpersonal aber – allen voran die Primadonna, Rosa Rauch-Wernau – wollten weiterhin Wagner am Pult sehen. Kramer, der eher den Kapellmeister als die Primadonna ersetzen konnte, liess der Intrige gegen Bülow ihren Lauf; Bülow nahm seinen Abschied und erhielt – wiederum durch Wagners Vermittlung – die Kapellmeisterstelle am St. Galler Theater.

So war Wagner gezwungen, weitere Aufführungen selber zu leiten: von Ende Oktober bis Anfang Dezember 1850 – neben Wiederholungen von *Freischütz* und *Weisser Dame* – Bellinis *Norma*, ferner Mozarts *Don Juan* und *Zauberflöte*. Im neuen Jahr gelang es dann, Franz Abt, den Leiter der Allgemeinen Musikgesellschaft, obwohl diese mit dem Theater nicht in bestem Einvernehmen lebte, wenigstens für diejenigen Opern zu gewinnen, die Wagner nicht selber schon dirigiert hatte, bei denen sich Abt also dem Vergleich mit dem berühmten Kollegen nicht aussetzen musste. Wagner leitete nur am Ende der Spielzeit nochmals die *Weisse Dame*, den *Don Juan* und – als letzte Aufführung am 4. April 1851 – Beethovens *Fidelio*. Noch einmal kehrte Wagner ans Zürcher

Theaterzettel zur dritten Aufführung der «Weissen Dame»
unter Wagners Leitung.

Opernpult zurück, ein Jahr später, unter ganz andern Voraussetzungen:
für vier Vorstellungen eines eigenen Werks, des *Fliegenden Holländers*.
1855 gab das Aktientheater sechsmal den *Tannhäuser*. Wagner wirkte an
der Vorbereitung mit, dirigierte aber nicht mehr selber.
Vielleicht genügt es festzuhalten, dass Wagner nicht damit gerechnet
hatte, die für Ritter übernommene Bürgschaft einlösen zu müssen. Er
hätte dann wirklich nur aus Zwang gehandelt, widerwillig und im

Widerspruch mit sich selbst. Dafür spräche, dass er durch die Berufung Bülows und das Arrangement mit Abt alles unternahm, seiner Verpflichtung ein Ende zu setzen. Gegen die Annahme, das Einstudieren und Dirigieren von Opern sei nur lästiger Zwang gewesen, spricht allerdings, dass Wagner bei den Aufführungen mit grosser Sorgfalt zu Werke ging. Der Zuneigung des Ensembles ist dies ebenso zu entnehmen wie der Begeisterung des Publikums. Unter diesem Gesichtspunkt fragt es sich, ob der Widerspruch zwischen dem Opernkritiker Wagner und dem Opernkapellmeister Wagner nicht am ehesten als grundsätzlicher, nicht aufzulösender Widerspruch zwischen dem Theoretiker und dem Praktiker stehen bleiben muss. Wagners zumal in den Zürcher Schriften offenkundiges Bemühen um Stichhaltigkeit der gedanklichen Konstruktion mündet ja immer wieder in antithetische Schärfungen und damit in Überzeichnungen. Zusammen mit den Denkmodellen, die Wagner oft fast willkürlich zu adaptieren scheint – in der zur Rede stehenden Zeit etwa die Anlehnung an Feuerbach –, führt solche Verabsolutierung zur Frage, ob nicht oftmals der Dramentheoretiker gleichsam den Theaterpraktiker vergisst oder umgekehrt, je nachdem, wessen Dienste gerade erfordert wurden.

Wie praxisnah Wagner in Zürich blieb, zeigt sich auch in seiner weit intensiveren und dauerhafteren Tätigkeit als Konzertdirigent. Doch diese Konzerttätigkeit steht auf einem andern Blatt: Dabei – und zumal in der besonders häufigen Arbeit an Sinfonien Beethovens – handelte es sich nicht darum, ein Repertoire zu bestätigen, das der eigenen Vorstellung vom Kunstwerk der Zukunft entgegengesetzt war. Vielmehr hielt Wagner gerade die Sinfonien Beethovens wenn auch nicht in formaler – die Gattung der Sinfonie hielt er für tot und abgetan – so doch in rein musikalischer, satztechnischer Hinsicht für Vorstufen dessen, was als «Orchestermelodie» zum Gesang ins Musikdrama eingehen sollte. Indem Beethoven in der neunten Sinfonie selber den Gesang mit einbezog, habe er wie kein anderer den richtigen Weg gewiesen. Diese Überlegung führt auch in der Opernfrage ein Stück weiter: Auch hier stehen nicht alle Werke, die Wagner in Zürich aufführte, gleichermassen in Widerspruch zum Musikdrama. Die Opern Mozarts, Beethovens *Fidelio* und Webers *Freischütz* durften – dies zeigen Äusserungen in den Zürcher Schriften – für sich in Anspruch nehmen, Züge der «Vorform» zu tragen.

Merkwürdig, widersprüchlich bleibt dagegen die Beschäftigung mit Bellinis *Norma*, nennt Wagner doch wiederholt die Opern Rossinis, Donizettis und Bellinis als Inbegriff des bloss Modischen, als seichte Grundlage virtuoser Sängereitelkeiten, mithin als Gegensatz des Musikdramas schlechthin.

Kompositionsgeschichtliche Aspekte

Doch gerade bei der *Norma* kann ein Erklärungsversuch einsetzen, der nun weniger den Theoretiker als vielmehr den Komponisten Wagner betrifft. Kurz vor Beginn der Zürcher Opernepisode, im Juli und August 1850, entwarf Wagner die ersten Kompositionsskizzen zu *Siegfrieds Tod,* der späteren *Götterdämmerung.* Zwei Blätter mit insgesamt etwa dreihundertfünfzig Takten sind erhalten. Manche Stelle überrascht, wenn man sich der gleichzeitigen Kritik an der symmetrischen Kadenzperiodik als dem für Wagner «absolut» und «egoistisch» Musikalischen erinnert. Die Gestaltung in Vorder- und Nachsatz, die dabei erreichten Kadenzstufen, die entsprechenden Dreiklangsbrechungen in der Singstimme: dies alles steht in diesen Skizzen der «absoluten» Musik noch sehr nahe. Zwar ist der intendierte musikalische Sprachvollzug in der Hervorhebung der Stabreime verwirklicht, Wagner folgt jedoch – verglichen mit den Lösungen, die er später fand – allzu sklavisch der Theorie, wenn er diese Hervorhebung ständig durch betonte Taktzeiten und hohe Töne noch zusätzlich akzentuiert. Der angestrebte freie Sprachfluss wird durch alle diese Fesseln immer wieder gehemmt. Das Scheitern des Versuchs, die theoretische Konstruktion ins Kunstwerk umzusetzen, scheint so aus der Skizze selber ablesbar.

Es fragt sich, ob nicht in dieser Situation des kompositorischen Scheiterns die Rückkehr ans Dirigentenpult für Wagner fast zu einer inneren Notwendigkeit wurde, zum Bedürfnis, sich einer klangsinnlichen Gegenwart zu überlassen, wie sie ihm bei aller Kritik gerade die *Norma* mit ihren grossen Melodiebögen zu bieten vermochte. Überhaupt ist unter diesem Gesichtspunkt Wagners Kritik an der *Norma* zu relativieren. In den dreissiger Jahren, unter dem Einfluss der literarischen Werke Wilhelm Heinses und Heinrich Laubes, war Wagner in seiner Würzburger und Rigaer Zeit ein eifriger Verfechter sinnenfreudiger Italianità gewesen – eine Haltung, die er in der Pariser Zeit aufgab und danach als blosse Verirrung verharmloste. In der Zürcher Zentralbibliothek findet sich eine Partitur der *Norma* mit dem Stempel des Rigaer Theaters. Dies kann wohl in der Tat nur bedeuten, dass Wagner die Partitur damals von Riga nach Paris mitgenommen hatte, dann nach Dresden brachte, und dass sie sich auch wieder im Gepäck befand, das Wagner nach Zürich nachgeschickt wurde. Zahlreiche Eintragungen – dynamische Bezeichnungen, Ergänzungen, Uminstrumentierungen – stammen von Wagners Hand.

Sicher wollte sich Wagner kompositorisch von der reinen Italianità lösen, seine «unendliche» Melodie ausserhalb des Fioriturenwesens Rossinis und Bellinis finden. Die Apodiktik der Zürcher Dramentheorie spiegelt aber viel eher diesen Ablösungsprozess mit allen seinen Schwierigkeiten als eine bereits bewältigte Wandlung. Vieles in den Zürcher Schriften ist von Wagner erst als Postulat an sich selber gerichtet. Nach vollzogenem Durchbruch auch in der kompositorischen Praxis milderte sich die Haltung gegenüber Bellini. 1881 notierte Cosima Wagner im Tagebuch: «Am Schluss des Abendbrots war R. aufgestanden und hatte italienische Melodien, vorzüglich von Bellini […] gespielt, von welchen er sagt, dass auf die in Verzierung sich lösende Rossini'sche Phrase diese Melodie die Herzen hätte aufgehen lassen», und an anderer Stelle berichtet Cosima, wie Richard an Bellinis Melodien «den langatmigen Charakter» hervorgehoben habe, der sich auch bei Spontini finde, «während bei Mozart leider fast alles kurzatmig sei».[8]

Werk und Darstellung

Auf der Suche nach Erklärungen, warum Wagner sich doch eine Zeitlang recht intensiv mit dem Zürcher Theater beschäftigt hat, zeichnet sich in solchen Aussagen noch eine weitere Spur ab, eine Erklärungsmöglichkeit, die über die blosse Konstatierung eines bewussten oder unbewussten Widerspruchs in Wagner hinausweist. Der bewusste Widerspruch wäre derjenige des «lästigen Zwangs», wie ihn der Brief an Uhlig und die Bemühung um rasche Beendigung des Zustands suggerieren; der unbewusste aber derjenige, der mit der These vom Zwiespalt zwischen dem Theoretiker und dem Praktiker in der Zeit der Zürcher Schriften behauptet wird. Die Spur führt zwar in eine ähnliche Richtung, indem sie gleichfalls eine Art Gegensatz zwischen Theorie und Praxis betrifft, sie führt aber in weit Grundsätzlicheres, nämlich zu der Einsicht, dass sich die Oper als theatralische Gattung niemals auf Kompositionstechnik, Stil und Werkhaftigkeit reduzieren lässt, sondern dass sie erst in der sinnlichen Unmittelbarkeit der Darstellung ganz zum Leben erwacht, und dass diese Unmittelbarkeit ihre eigenen Gesetze hat. – In einem Aufsatz *Über die Bestimmung der Oper* bemerkt Wagner, es könne vorkommen, dass ein Werk bei noch so unsinniger oder seichter Machart «unter gewissen Umständen eine unvergleichliche Wirkung selbst im idealsten Sinne» habe, dann nämlich, «wenn ein grosses dramatisches Talent sich der Partien einer solchen Oper bemächtigte». Beispiel ist für Wagner Wilhelmine Schröder-Devrient in Bellinis *Romeo und Julia;* denn die besondere Wirkung dieser berühmten Sängerin habe nicht an der «Gesangsvirtuosität», sondern an der «dramatischen Leistung» gelegen.[9]

Musik, selbst dürftige, ist idealisch verklärend, wenn nur die dramatische Gestaltung vom Sänger erbracht wird. Obwohl Wagner in Zürich keine Wilhelmine Schröder zur Verfügung hatte, scheint er doch vom Zürcher Ensemble im hier angesprochenen Sinne überrascht worden zu sein. Im oben zitierten Brief an Uhlig heisst es: «Auf der ersten probe war ich verwundert über die sänger: ein tenorist – der mir nach Tichatschek unbedingt der liebste ist im ganzen deutschen reiche, und von dem ich mit sicherheit weiss, dass er von den grössten theatern vortrefflich bezahlt werden würde, wenn ihre dummen directoren ihn aufgesucht hätten, wogegen sie bekanntlich erwarten, dass ihnen die gebratenen tauben in das maul fliegen sollen. Was ihm am schmelz der stimme Tichatschek's abgeht, ersetzt er durch ein edles, männliches äussere und liebenswürdige, sichere haltung im spiele.» Und die Primadonna Rauch-Wernau lobt Wagner als eine «mit klangvoller, umfangreicher stimme und gesundem ausdrucke begabte sängerin».[10]

Wagners Vorstellung für sein Drama der Zukunft war – vom allgemein menschlichen (mythologischen) Thema über die Auflösung der Nummernoper bis zur völligen gegenseitigen Durchdringung von Gestus, Sprache, Gesang und Orchester – darauf ausgerichtet, die unmittelbare Sinnlichkeit des Bühnengeschehens von vornherein von der Werkstruktur her sicherer zu gewährleisten, als es in der traditionellen Oper seines Erachtens der Fall war. Der Ansatz konnte aber ganz offensichtlich auch auf der anderen Seite erfolgen, bei der Darstellung, und dies selbst bei einem für minderwertig erachteten Werk. Dass Wagner die Arbeit am Zürcher Theater nach dieser Seite hin ergiebig fand, ist offensichtlich. Trotz der Zwangslage, in der er sich befand, sah er darin doch auch Positives, und er konnte Uhlig nicht ohne Stolz mitteilen, «dass ganz unvermerkt aus der *schmiere* eine anstalt geworden ist, in der mein publikum durchaus nichts anderes als *wirklichen kunstgenuss* holen will».[11]

Diese positive Seite ist es denn auch gewesen, die Wagner dazu veranlasste, in einem grösseren Aufsatz mit dem Titel *Ein Theater in Zürich* seine Vorstellungen davon zu entwickeln, wie hier auf Dauer ein fruchtbarer Boden für ein modernes Musiktheater geschaffen werden könnte.[12] Zu Recht ist gesagt worden, dass dieser Aufsatz «durch seine wirklichkeitsbezogenen Vorschläge und die gelassene Argumentation angenehm von den übrigen Kunstschriften absticht».[13] Nur wenige Punkte seien aus Wagners Gedankengang hervorgehoben: Die Theater kranken zurzeit daran, dass sie meinen, sich die europäisch führende Pariser Oper zum Vorbild nehmen zu müssen. Das hat einerseits zur Folge, dass sie sich finanziell übernehmen und dem Direktor, der das Institut in eigener Verantwortung zu führen hat, am Ende der Spielzeit der Bankrott droht; andrerseits aber fehlen doch immer die adäquaten Darstellungsmittel, um künstlerisch befriedigende Leistungen erzielen zu können. Die Stücke werden meist nur gekürzt wiedergegeben, die deutschen Übersetzungen der französischen und italienischen Opern sind in aller Regel miserabel, so dass schliesslich «die ganze rastlose Tätigkeit eines immer gehetzten Theaterpersonales sich in einer für die Kunst völlig nutzlosen Anstrengung verzehren muss».

Die besten Möglichkeiten, diese Missstände zu beheben, sieht Wagner vor allem in folgenden Massnahmen: Erstens soll das Theater vor allem «uns wohl verständliche, weil unsrem Wesen eigentümliche, es am treuesten abspiegelnde Kunstwerke» ins Repertoire aufnehmen. Einheimische Musiker – Wagner denkt wohl nicht zuletzt an Wilhelm Baumgartner, aber auch an Alexander Müller[14] – sollen sich vermehrt mit dem Musiktheater beschäftigen. Zweitens soll das Ensemble gleichfalls nach Möglichkeit aus einheimischen Kräften herangebildet werden, wobei Wagner – bezeichnenderweise, wenn man seine Auffassung von

wirkungsvoller Bühnenkunst bedenkt – die Schulung bei der Schau-
spielkunst und nicht beim Gesang beginnen lassen möchte. Drittens soll
das Ensemble das ganze Jahr beisammen bleiben, um in den Sommermo-
naten intensiv neue Stücke proben zu können. Und schliesslich soll der
Spielplan eingeschränkt werden auf «zwei oder höchstens (und nur in
gewissen günstigen Fällen) drei Vorstellungen im Laufe einer Woche».

Gesellschaftspolitische Aspekte

Wagners Zielvorstellung ist ein in der bürgerlichen Gesellschaft fest
verankertes Stadttheater, und «vielleicht würde das Theater dann den
höchsten und gemeinsamsten gesellschaftlichen Berührungspunkt eines
öffentlichen Kunstverkehres ausmachen, aus dem alles Industrielle
vollkommen entfernt, und in welchem die Geltendmachung unsrer
ausgebildetsten Fähigkeit für künstlerische Leistung wie für künstlerischen Genuss einzig bezweckt wäre».[15] Da klingen nun wieder die Töne
an, die Wagner auch in seinen Zürcher Kunstschriften stets von neuem
angeschlagen hat, die Vision vom «Gesamtkunstwerk» in jenem andern
Sinne, wo es nicht in dramaturgischer Sicht um die Gesamtheit der
Künste, sondern in gesellschaftspolitischer Sicht um die Gesamtheit der
demokratisch gesinnten Menschen geht, die sich auf höchster Stufe im
theatralischen Ereignis manifestieren soll, im Fest, wie es Wagner
beispielhaft in den Tragödienaufführungen der antiken Polis Athens
glaubte erkannt zu haben. Genau in diesem Sinne bezeichnet er das
Theater als «höchsten und gemeinsamsten gesellschaftlichen Berührungspunkt».
So utopisch das klingen mag, so unverkennbar zeigt sich Wagner damit
doch einer bedeutenden Tradition deutschen gesellschaftspolitischen
Denkens verbunden. Immer wieder können wir feststellen, dass dort die
Gedanken um Vorstellungen von einer «deutschen Einheit» kreisen, die
nicht oder mindestens nicht primär im Realpolitischen liegt, sondern
eher im Kulturellen. Was sich abzeichnet, ist eine besondere Vorstellung
von «Kulturstaat», wenn nicht gar von «ästhetischem Staat». Das ist ein
Begriff Friedrich Schillers. Im 27. seiner Briefe *Über die ästhetische
Erziehung des Menschen* sagt Schiller: «Mitten in dem furchtbaren Reich
der Kräfte und mitten in dem heiligen Reich der Gesetze baut der

ästhetische Bildungstrieb unvermerkt an einem dritten, fröhlichen Reiche des Spiels und des Scheins, worin er dem Menschen die Fesseln aller Verhältnisse abnimmt und ihn von allem, was Zwang heisst, sowohl im Physischen als im Moralischen entbindet.» Und Schiller fährt fort: «Wenn in dem *dynamischen* Staat der Rechte der Mensch dem Menschen als Kraft begegnet und sein Wirken beschränkt – wenn er sich ihm in dem *ethischen* Staat mit der Majestät des Gesetzes entgegenstellt und sein Wollen fesselt, so darf er ihm im Kreise des schönen Umgangs, in dem *ästhetischen* Staat, nur als Gestalt erscheinen, nur als Objekt des freien Spiels gegenüberstehen. *Freiheit zu geben durch Freiheit* ist das Grundgesetz dieses Reichs.»[16]

Zu Recht ist gesagt worden, das sei ein Konzept, das «die Banalität des Politischen weit hinter sich» lasse.[17] Und dennoch hat dieses Konzept – so idealistisch es zweifellos ist – durchaus seine Realität. In Ermangelung des gefestigten Nationalstaats spielte das Festhalten an einer Art Einheit im «deutschen Geist» – eine utopische oder auch verheissungsvolle Einheit – in sehr breiten Kreisen eine recht wichtige Rolle. Und Einheit im «deutschen Geist» hiess durchaus auch Einheit, Nationalbewusstsein bezüglich deutscher Kunst. Es gibt kein anderes Land, das in gleichem Masse Persönlichkeiten aus der Welt der Kunst zum Inbegriff dieses Einheitsgedankens gemacht hat wie Deutschland im 19. Jahrhundert. Das eindrücklichste Beispiel sind die landesweiten Feierlichkeiten zu Schillers hundertstem Geburtstag im Jahre 1859.

Wagner hatte zu einer Zeit, da die Verwirklichung des Nationalstaates in weite Ferne gerückt schien, aus Deutschland fliehen müssen. Seine Resignation und sein Widerstand gegen die in Deutschland herrschenden Verhältnisse gipfelten in *Oper und Drama* in der radikalen Forderung, den Staat überhaupt zu vernichten.[18] Dass ihn demgegenüber die Zürcher Erfahrungen zu dem konstruktiven Entwurf eines wohl organisierten Stadttheaters gleichsam als eines «ästhetischen Staats» im Kleinen inspirierten, ist gewiss kein Zufall, und hier wird greifbar, was Wagner in der Selbstbiographie «eine ganz neue Sphäre der bürgerlichen Anschauung» nannte: das Selbstverständnis eines demokratischen Gemeinwesens, das geeignet schien, die Grundlage für ein adäquates Kunstinstitut abzugeben.

Von dieser Eignung war er in mehrerer Hinsicht überzeugt. Zum einen hatte es ihn tief beeindruckt, feststellen zu können, «dass im Laufe eines

Winterhalbjahres ein grosser Teil der Einwohnerschaft Zürichs, vom jugendlichsten bis zum gereiftesten Alter hinauf, sich wöchentlich zu wiederholten Malen, und oft in starker Anzahl, im Theater versammelt».[19] Andrerseits erachtete er auch die Voraussetzungen für eine Rekrutierung einheimischer ausführender Kräfte als günstig. Dreierlei hebt er hervor: die «Ausbildung des Körpers», wie sie in den «Turnübungen» an den Schulen gepflegt werde, sodann «die weite Ausbreitung der Gesangvereine, Nägelis ungemein verdienstvolles Werk», und schliesslich die schweizerische Tradition der Festumzüge und Dorftheater, «wo in ländlichen Gemeinden von der Jugend sowohl wie vom gereifteren Alter geradeswegs Schauspiele aufgeführt werden».

Auch über eine institutionell und staatspolitisch bessere Verankerung des Theaters in der Stadt machte sich Wagner Gedanken. Die bisherige Verbindung des Staats mit dem Theater beschränke sich auf die polizeiliche Gewährleistung von Sitte und Ordnung, wichtig wäre es aber, durch eine eigens zu bestellende Theaterkommission die Verbindung zu den Erziehungsbehörden herzustellen. Dies könnte schliesslich mit dazu beitragen, das Theater wirklich in die Gesellschaft zu integrieren: «[…] das allmähliche Erlöschen des Schauspielerstandes als einer besonderen, von unserm bürgerlichen Leben geschiedenen Kaste, und sein Aufgehen in eine künstlerische Genossenschaft, an der nach Fähigkeit und Neigung mehr oder weniger die ganze bürgerliche Gesellschaft Teil nimmt.» Wie die Zürcher auf Wagners Aufsatz reagierten und wieso *Ein Theater in Zürich* offenbar nur geringe Resonanz fand, wäre in einer eigenen Studie weiter zu verfolgen. Hier sei abschliessend lediglich darauf verwiesen, dass zwar bereits am 24. Mai 1851 in der *Eidgenössischen Zeitung* eine Anzeige erschien, die die Schrift als «anziehende, lehrreiche und anregende Lektüre» empfahl,[20] dass sich aber sonst in der Zürcher Presse weiter kaum eine Spur findet. Überhaupt war diese Presse bezüglich Wagners gespalten: dank Spyri besass er in der *Eidgenössischen Zeitung* einen treuen Anwalt; hier wurde über seine Auftritte als Dirigent, Dichter und Komponist und gelegentlich auch über seine theoretischen Schriften ausführlich und lobend berichtet. Andere Zeitungen wie etwa das *Tagblatt* und die *Freitagszeitung* distanzierten sich jedoch oft kritisch; sie hegten den Verdacht, dass Wagner selber die Propaganda steuere, oder sprachen geradezu von «unverschämter Lobhudelei».[21] Was jedoch Wagner selbst betrifft, so zog er sich in dem

Masse, wie er sich der eigenen schöpferischen Arbeit wiederum zu-
wandte, aus dem öffentlichen Zürcher Musik- und Theaterleben zurück.
Auch gesellschaftlich ergaben sich neue Schwerpunkte durch die Beziehungen zu neu zugezogenen Familien: den Wesendoncks und den
Willes.

Einiges von dem, was Wagner in seinen Entwurf eines Theaters in
Zürich eingebracht hatte – Heranbildung eines eigenen Ensembles,
Aufführung eigens für dieses Theater geschaffener Werke, Festspiel-
charakter –, überdauerte die Jahre und nahm schliesslich in Bayreuth
Gestalt an. Und dort findet sich dann sogar ein später Nachklang der
Schweizer Eindrücke von demokratischer Tradition. Im Rahmen der
Grundsteinlegung zum Bayreuther Festspielhaus hielt Wagner eine
Rede, in welcher er die tiefere Bedeutung der Ortswahl aufzuzeigen
suchte. Ob das «Bay-» ein Hinweis auf die bayrischen Herzöge sei oder
ein blosses «bei», müsse dahingestellt bleiben. Eindeutig sei indes die
zweite Worthälfte: «Immer handelt es sich jedenfalls um das ‹Reut›, die
der Wildnis abgerungene, urbar gemachte Stätte; und wir werden
hiermit an das ‹Rütli› der Urschweiz erinnert, um dem Namen eine
immer schönere und ehrwürdigere Bedeutung abzugewinnen.»[22] –
Urbarmachung in kulturellem Sinne, das war das Ziel, das Wagner mit
seinen Theaterplänen verfolgte. Das Theater war für ihn – zumindest
theoretisch – der Inbegriff demokratischer Gemeinschaft, und die «ganz
neue Sphäre der bürgerlichen Anschauung», in die er sich in Zürich
versetzt sah, erschien ihm als beste Voraussetzung dafür, dass dieses
Theater hier verwirklicht werden könnte.

Anmerkungen

1 Wieder abgedruckt in: Richard Wagner: Sämtliche Schriften und Dichtungen.
   Volks-Ausgabe, Leipzig o. J., Bd. 12, S. 240–244.
2 Brief an Ferdinand Heine, zitiert nach: Martin Gregor-Dellin: Richard Wagner,
   sein Leben, sein Werk, sein Jahrhundert, München 1980, S. 282.
3 Richard Wagner: Mein Leben. Einzige vollständige Ausgabe, hg. von Martin
   Gregor-Dellin, München 1969, Bd. 1, S. 429; dort auch das folgende Zitat.
4 Wie sehr sich das Leiden an diesen Pariser Zuständen in blinden Hass gegen die
   vermeintlich Verantwortlichen steigerte, zeigt das üble Pamphlet *Das Judentum in*

der Musik, das Wagner in Zürich verfasste und unter einem Pseudonym 1850 in der Leipziger *Neuen Zeitschrift für Musik* veröffentlichte; vgl. Wagner, Schriften (wie Anm. 1), Bd. 5, S. 66–85.

5 Dies sind bei weitem nicht Wagners einzige Zürcher Wohnungen; vgl. hierzu etwa Hans Erismann: Richard Wagner in Zürich, Zürich 1987. Allgemein zu Wagners Zürcher Zeit vgl. auch Chris Walton: Richard Wagners Zürcher Jahre 1849–1858: ein biographischer Index mit Werkverzeichnissen von Komponisten aus seinem Umkreis, Zürich 2000.

6 Richard Wagner: Sämtliche Briefe, Leipzig 1975, Bd. 3, S. 455–457.

7 Udo Bermbach: Der Wahn des Gesamtkunstwerks. Richard Wagners politisch-ästhetische Utopie, Frankfurt am Main 1994, S. 166.

8 Cosima Wagner: Die Tagebücher, München, Zürich 1977, Bd. 2, S. 835 und 666.

9 Dieses und das folgende Zitat in: Wagner, Schriften (wie Anm. 1), Bd. 9, S. 140.

10 Wagner, Briefe (wie Anm. 4), S. 455 f. – Joseph Tichatschek war Wagners Helden-tenor an der Dresdener Oper gewesen; über den Zürcher Tenor, Joseph Baum-hauer, war damals in der *Neuen Zürcher Zeitung* unter anderem zu lesen: «Bei sehr glücklichem Aeussern und edlem, gefühlvollen Anstande, besitzt dieser Sänger eine ganz vorzügliche Stimme von seltenstem Umfange, schönem, weichem und wiederum energischem Klange. Was ihn aber besonders auszeichnet, ist sein gesunder, männlicher Vortrag, der, von der wirklichen Tagesmode nur oberfläch-lich berührt, von jeder Uebertreibung, die jetzt die meisten Theatersänger nach der einen oder der andern Seite hin verdirbt, in glücklicher Entfernung bleibt.» Zitiert nach: Richard Wagner in Zürich. Materialien zu Aufenthalt und Wirken, hg. v. Werner G. Zimmermann, 1. Folge, Zürich 1986, S. 25.

11 Wagner, Briefe (wie Anm. 4), S. 456.

12 Wagner, Schriften (wie Anm. 1), Bd. 5, S. 20–52, die folgenden Zitate S. 34, 40 und 50.

13 Gregor-Dellin (wie Anm. 2), S. 320 f.

14 1851 wird in der *Eidgenössischen Zeitung* die Musik, die Müller für die Aufführung eines französischen Theaterstücks am Stadttheater komponierte, lobend hervorge-hoben; vgl. Zimmermann (wie Anm. 10), S. 32.

15 Wagner, Schriften (wie Anm. 1), Bd. 5, S. 49.

16 Friedrich Schiller: Sämtliche Werke, München 1960, Bd. 5, S. 666 f. – Wagner war von Schillers Ideen stark beeinflusst; besonders deutlich zeigt sich dies in der Schlussrede des Hans Sachs in den *Meistersingern,* die in enger Anlehnung an Schillers Gedichtfragment *Deutsche Grösse* die Idee vom «ästhetischen Staat» aufnimmt.

17 E. Vollrath: Art. Staat, II. 19. und 20. Jh., in: Historisches Wörterbuch der Philosophie, hg. v. Joachim Ritter, Karlfried Gründer, Basel 1998, Bd. 10, S. 37.

18 Vgl. Wagner, Schriften (wie Anm. 1), Bd. 4, S. 66 f.: Die «allen Gliedern der Gesellschaft gemeinsame Notwendigkeit der freien Selbstbestimmung des Indivi-duums, heisst aber so viel, als – den Staat vernichten; denn der Staat schritt durch die Gesellschaft zur Verneinung der freien Selbstbestimmung des Individuums vor, – von ihrem Tode lebte er».

19 Wagner, Schriften (wie Anm. 1), Bd. 5, S. 37; die folgenden Zitate S. 46 f.

20 Zimmermann (wie Anm. 10), S. 42.

21 Ebd., S. 52.

22 Wagner, Schriften (wie Anm. 1), Bd. 9, S. 332.

«Ich schwöre ab: jegliche Gewalt ...»

*Pazifistische Schriftsteller im Schweizer Exil während
des Ersten Weltkriegs*

Albert M. Debrunner

Tristan Tzara hat einmal gesagt: «Tout est Dada»,[1] alles ist Dada. Das
mag sein, doch Dada ist nicht alles. Die Dadaisten waren nicht die
Einzigen, die im Schweizer Exil versuchten, dem Wahnsinn des Ersten
Weltkrieges etwas entgegenzuhalten. Zwischen 1914 und 1918 fanden
noch viele andere pazifistische Schriftstellerinnen und Schriftsteller
Zuflucht in unserem Land und widersetzten sich von hier aus dem
grossen Morden. Was sie gegen den Krieg unternahmen, wurde damals
sehr beachtet, weit mehr als die spektakulären Aktivitäten der Dadaisten.
Dennoch sind die meisten von ihnen heute vergessen. Aus der grossen
Zahl der Vergessenen sollen hier vier Schriftsteller und eine Schriftstellerin herausgegriffen und vorgestellt werden, deren Schicksal und Werk
repräsentativ für das literarische Exil in der Schweiz während des Ersten
Weltkriegs ist. Es sind dies René Schickele, Leonhard Frank, Andreas
Latzko, Ferruccio Busoni und Annette Kolb. Was die fünf verbindet, ist
ihre Mitarbeit an der Zeitschrift *Die weissen Blätter*. Diese Zeitschrift ist
denn auch der rote Faden durch das Folgende.

1914

In der Abendausgabe der *Frankfurter Zeitung* vom 1. August 1914 stand
unter anderem Folgendes zu lesen: «Heute nachmittag Punkt 5 Uhr fuhr
ein Generalstabsoffizier die Linden entlang, schwang im Vorüberfahren
an den wogenden Menschenmengen das Taschentuch und verkündete
die am Nachmittag erfolgte Mobilisation Deutschlands. Auf Befehl des
Kaisers trat kurz nach 5 Uhr aus dem Portal des Schlosses ein Schutz-
mann und teilte der harrenden Menge mit, dass die Mobilisation
beschlossen sei. Die tief ergriffene Menge stimmte unter den Klängen

der Domglocken den Choral an: ‹Nun danket alle Gott!›»[2] Die Frage ist, wofür die Menge Gott eigentlich dankte.

Die Massen in Berlin und anderswo verschlossen die Augen vor dem, was auf sie zukam. Vielleicht konnten sie es auch gar nicht sehen. Die Massen waren aber nicht die Einzigen, die vom falschen Glanz des Krieges geblendet wurden. Auch, ja gerade die geistige Elite Europas reagierte auf den Kriegsausbruch mit einer Begeisterung, die im Rückblick kaum noch nachvollziehbar ist. Thomas Mann fasste in einem Artikel für die *Neue Rundschau* seine Gefühle und die vieler seiner Kollegen in folgende Worte: «Wie hätte der Künstler, der Soldat im Künstler nicht Gott loben sollen für den Zusammenbruch einer Friedenswelt, die er so satt, so überaus satt hatte! Krieg! Es war Reinigung, Befreiung, was wir empfanden, eine ungeheure Hoffnung.»[3]

Dass konservative Schriftsteller wie Thomas Mann den Krieg bejahten, ist verständlich, doch überraschenderweise liess sich auch die kritische Avantgarde mitreissen. Der spätere Dadaist Hugo Ball meldete sich am 6. August 1914 in München als Kriegsfreiwilliger. Am nächsten Tag schrieb er an seine Schwester: «Kunst? das ist nun alles aus und lächerlich geworden. In alle Winde zersprengt. Das hat alles keinen Sinn mehr. Ich kann Dir gar nicht sagen, wie mir zu Mut ist. Und man sieht ja noch gar nicht die Folgen ab […]. Lasst bitte oft von euch hören. Mir graust vor der Zukunft. Der Krieg ist noch das Einzige, was mich noch reizt.»[4] Dieser Reiz wich indes bald einer völligen Ernüchterung, die sich nicht zuletzt dem Tod seines engen Freundes Hans Leybold verdankte.

Am 12. Februar 1915 veranstaltete Hugo Ball gemeinsam mit Richard Huelsenbeck in Berlin eine Gedächtnisfeier für seinen Freund und andere gefallene Dichter. Hugo Ball hielt eine zynische und humoristische Totenrede auf Hans Leybold, in der er zum Schluss sagte: «Er ist hin. Es muss ihm sehr schwer gefallen sein, wie ich ihn kenne. Aber es ist nichts zu machen. Gedenken Sie seiner! Haben Sie Mitleid! Seien Sie freundlich! Sie alle haben seinen Tod mitverschuldet. Alle, wie Sie auch hier unten sitzen.»[5]

Ball verschleierte in seiner Rede die Tatsache, dass Hans Leybold nicht an der Front gestorben war, sondern sich – wie nach ihm Georg Trakl – im Lazarett das Leben genommen hatte. Ernst Stadler hingegen, dessen an der Feier auch gedacht wurde, hat den Tod auf dem Schlachtfeld erlitten. Ernst Stadler war einer der herausragendsten Lyriker des Expressionismus und ein ausgezeichneter Germanist. Über das schreckliche Ende dieses bedeutenden Kopfes schrieb ein Augenzeuge: «Es war ein Grauen damals. Schwerste Granaten stoben wie ein Sternschnuppenfall. Die Batterien waren eben ganz vorn in Stellung gegangen. Schon brachten wir die ersten Zünder heraus. Doch ihn – er hielt sich knapp dahinter, er setzte vor einem anspringenden satanischen Gesumme durch eine offene Haustür, der eiserne Höllenschreck tatzte hinterdrein, legte dem Ärmsten das Kleinhirn auf, setzte ihm den Vorderarm ab und schlug seinen Körper in die Düsternis eines offenen Kellerloches ... Ich hatt' einen Kameraden.»[6]

Stadlers Tod war in mehrfacher Hinsicht besonders tragisch. Die Granate, die ihn zerfetzte, war eine englische. Stadler hatte in Oxford studiert und unterhielt bis Kriegsausbruch beste Beziehungen zu Engländern. Der Tod ereilte Stadler in Belgien, wo er vier Jahre an der Université libre in Brüssel gelehrt hatte. Ausserdem war er im Elsass zur Welt gekommen und aufgewachsen. Ein Krieg, in dem sich Deutschland und Frankreich als Feinde gegenüberstanden, war somit so ziemlich das Schlimmste, in das er hineingezogen werden konnte. Noch am 3. April 1914 hatte er im Brüsseler Justizpalast einen Vortrag über *La Jeunesse Allemande* gehalten. Der Wortlaut des Vortrages ist nicht überliefert, doch gibt ein zeitgenössischer Pressebericht den Inhalt wieder. Gemäss diesem Bericht äusserte sich Stadler in seinem Vortrag unter anderem über die elsässische Frage, die damals die Gemüter hüben und drüben erhitzte: «An dem Tag, da man Ihnen [den Elsässern] politische Autonomie zugestehen würde, wäre die Frage Elsass-Lothringen schlagartig gelöst, ohne dass die Elsässer jemals aufhören würden, Frankreich zu verehren, mit dem sie so viele gemeinsame Erinnerungen verbindet. So wird das Elsass von den beiden grossen Nachbarn umworben und fühlt sich aus verschiedenen Gründen abwechselnd mal zu diesem, mal zu jenem hingezogen: auch der Pazifismus wird in Strassburg eine natürliche Heimat finden.»[7] Wegen seines Vortrags wurde Stadler von der «Brüsseler Deutschen Colonie» heftig angegriffen. Daraufhin schrieb er an seinen Freund René Schickele: «Man scheint im Kreise meiner lieben ‹Kameraden›, der Reserveoffiziere, ernstlich zu erwägen, ob man nicht dem Bezirkskommando Strassburg Anzeige machen solle. Was denn freilich den Erfolg hätte, dass ich auf schmerzlose Weise der Fortführung meiner militärischen Laufbahn überhoben wäre.»[8] Leider kam es ganz anders.

Der Titel von Ernst Stadlers letztem Gedichtband, *Der Aufbruch*, bezeichnet das Lebensgefühl einer ganzen Generation. Wie kaum ein anderes vermittelt das Gedicht, das dem Band seinen Namen gab, den Geist des Expressionismus.

Der Aufbruch

Einmal schon haben Fanfaren mein ungeduldiges Herz blutig gerissen,
Dass es, aufsteigend wie ein Pferd, sich wütend ins Gezäum verbissen.
Damals schlug Tambourmarsch den Sturm auf allen Wegen,
Und herrlichste Musik der Erde hiess uns Kugelregen.
Dann, plötzlich, stand Leben stille. Wege führten zwischen alten Bäumen.
Gemächer lockten. Es war süss, zu weilen und sich zu versäumen,
Von Wirklichkeit den Leib so wie von staubiger Rüstung zu entketten,
Wollüstig sich in Daunen weicher Traumstunden einzubetten.
Aber eines Morgens rollte durch Nebelluft das Echo von Signalen,
Hart, scharf, wie Schwerthieb pfeifend. Es war wie wenn im Dunkel plötzlich Lichter aufstrahlten.
Es war wie wenn durch Biwakfrühe Trompetenstösse klirren,
Die Schlafenden aufspringen und die Zelte abschlagen und die Pferde schirren.
Ich war in Reihen eingeschient, die in den Morgen stiessen, Feuer über Helm und Bügel,
Vorwärts, in Blick und Blut die Schlacht, mit vorgehaltenem Zügel.
Vielleicht würden uns am Abend Siegesmärsche umstreichen,
Vielleicht lägen wir irgendwo hingestreckt unter Leichen.
Aber vor dem Erraffen und vor dem Versinken
Würden unsere Augen sich an Welt und Sonne satt und glühend trinken.

Prophetische Worte, könnte man glauben, entstand das Gedicht doch vor 1913. Aber der Schein trügt. Die kriegerische Metaphorik, die dichterischen Bilder, die Stadler gebraucht, entspringen keinem militärischen, sondern einem vitalistischen, lebensbejahenden Denken. Stadlers Gedicht gibt seine eigene poetische Biographie wieder. Als Jugendstillyriker hatte er begonnen. Wie so mancher verfiel er dem realitätsfernen

Ästhetizismus der Jahrhundertwende, mit dem er dann aber radikal brach zugunsten eines weltfreudigen und weltoffenen, ethisch gerichteten Expressionismus. Die Schlacht, in die er aufbrechen wollte, war das Leben selbst, das intensive Sein. Beseelt von ebendiesem Wunsch zogen Tausende junger Männer in den Ersten Weltkrieg. Ernst Stadler machte sich keine Illusionen. Er wusste, dass es die Trommelwirbel des Todes waren, die am 1. August 1914 ertönten, und nicht die Fanfaren des Lebens.

1915

Ernst Stadler hat seinen letzten Gedichtband, der kurz vor dem Krieg erschien, René Schickele und dessen Frau Lannatsch gewidmet. Stadler und Schickele hatten sich schon als Schüler kennen gelernt und waren zeitlebens eng befreundet geblieben. René Schickele wurde 1883, im selben Jahr wie Stadler, im Elsass geboren. Seine Herkunft hat Schickele entscheidend geprägt. Als Sohn eines deutschsprachigen Elsässers und einer Französin fühlte er sich beiden Nationen und Kultursphären zugehörig.

Seine erste Stelle als Redakteur einer literarischen Zeitschrift führte Schickele 1904 nach Berlin. Später war er zwei Jahre Korrespondent in Paris. 1911 übernahm er die Redaktion der *Strassburger Zeitung*. Lange hielt er es zu Hause nicht aus. Schon 1913 ging er wiederum nach Berlin. Zu diesem Zeitpunkt hatte er bereits ein umfangreiches Œuvre vorzuweisen und war so erfolgreich als Journalist und freier Schriftsteller, dass er sich ein komfortables Leben leisten konnte. 1914 wurde sein erster Sohn geboren. Schickeles Glück schien perfekt. Dann aber kam der Krieg und die Idylle brach in sich zusammen wie ein Kartenhaus. Schickele und seine Familie mussten ihre schöne Villa in Fürstenberg nördlich von Berlin aufgeben. Misstrauische Patrioten waren bei ihnen eingebrochen und hatten Schickele wegen der verdächtigen Korrespondenzen, die sie bei ihm fanden, angezeigt. Ende des Jahres zogen die Schickeles deshalb nach Berlin. Den Entscheid hierzu erleichterte Schickele der Umstand, dass er die Redaktion der Zeitschrift *Die weissen Blätter* übernehmen konnte.

1913 als Gegenstück zu der konservativen *Neuen Rundschau* gegründet, waren *Die weissen Blätter* von Anfang an ein Forum für literarisch-politische Stellungnahmen und entwickelten sich rasch zur wichtigsten Zeitschrift der Avantgarde. In den *Weissen Blättern* wurde zum Beispiel Franz Kafkas heute weltberühmte Erzählung *Die Verwandlung* erstmals veröffentlicht. Ab Januar 1915 zeichnete René Schickele als verantwortlicher Redakteur. Unter seiner Leitung schlugen *Die weissen Blätter* einen derart kritischen Kurs ein, dass der Konflikt mit den Behörden unausweichlich war. Ein Artikel Schickeles über Thomas Manns bereits zitierte *Gedanken im Krieg* ist typisch für den neuen Ton der Zeitschrift. Schickele bezieht sich auf einen Satz von Mann: «Wir sind in Not, in tiefster Not, und wir grüssen sie, denn sie ist es, die uns so hoch erhebt», und fährt fort: «Wie hoch? Gerade so hoch, dass der Ritter Th. Mann, im Damensattel reitend zwischen Tod und Teufel, seine unsäglich kokette Gebärde hinüberwerfen könnte wie einen Handschuh in die dampfenden Reihen der Soldaten.»[9] Dass Schickele sich auf diese Weise in konservativen Kreisen nicht gerade beliebt machte, dürfte klar sein.

Weil Schickele und die meisten seiner Mitarbeiterinnen und Mitarbeiter kein Hehl aus ihrer Ablehnung des Krieges machten, waren *Die weissen Blätter* ständig Schikanen durch die Zensur ausgesetzt. Schickele als verantwortlicher Redakteur musste ausserdem befürchten, juristisch belangt zu werden. Auch die Spitzel und Denunzianten ruhten nicht. Schickele machte die traurige Erfahrung, dass selbst Kollegen nicht zu trauen war. Zwei besonders unliebsame Erlebnisse mit dem Übersetzer Otto Grautoff hat er später Romain Rolland erzählt, der sie in seinem Tagebuch festhielt: «Schickele, der ihn nicht kannte, lernte ihn auf einer Abendgesellschaft kennen, und da er wusste, dass Grautoff lange in Paris gelebt hatte, sprach er mit Sympathie über Frankreich. Grautoff unterbrach ihn aber sehr heftig und bezeichnete Frankreich als dekadent, hysterisch usw. Später, bei einer Versammlung des Bundes Neues Vaterland, protestierte Schickele energisch gegen die Torpedierung der «Lusitania». Grautoff war zugegen. Er denunzierte Schickele beim Auswärtigen Amt. Schickele wurde von drei verschiedenen Freunden gewarnt, die ihm den Wortlaut der Anklage hinterbrachten.»[10] Vermutlich machte diese Geschichte das Mass voll. Dass man ihn wegen seines Protestes gegen die Versenkung des englischen Passagierschiffes «Lusitania» anklagte, wegen seiner Verurteilung eines Verbrechens, das 1198 Menschen das Leben kostete, muss Schickele ungeheuerlich vorgekom-

René Schickele (1883–1940).

men sein. Im Sommer 1915 erlitt er einen Nervenzusammenbruch. Doch Schickele hatte Glück im Unglück, denn er wurde von Ludwig Binswanger, der durch Leonhard Frank von seinem schlechten Gesundheitszustand erfahren hatte, eingeladen, sich unentgeltlich einige Zeit in dessen berühmter Kuranstalt Bellevue in Kreuzlingen zu erholen. Diese Einladung nahm Schickele gerne an, bedeutete sie doch fast die einzige Möglichkeit für ihn, Deutschland zu verlassen. Während seine Familie in Berlin zurückblieb, machte er sich auf nach Süden. Am 18. September 1915 überschritt er in Konstanz die Grenze zur Schweiz.

Nachdem Schickele gesundheitlich einigermassen wiederhergestellt war, reiste er einen Monat lang kreuz und quer durch die Schweiz, um sich mit Gleichgesinnten zu treffen. Zuletzt fuhr er nach Genf und machte Romain Rolland, der sich im *Journal de Genève* positiv über ihn und *Die weissen Blätter* geäussert hatte, seine Aufwartung. Romain Rolland schreibt über diese Begegnung in seinem Tagebuch: «29. Oktober – René Schickele besucht mich. – Das glatt rasierte Gesicht der Priester und Schauspieler, wie man es heute bei Intellektuellen häufig antrifft. Intelligent, sehr beherrscht. Spricht beide Sprachen fliessend und elegant (er ist Elsässer). – Sofort bringt er die Unterhaltung auf antipreussische Themen, die er bis zum Schluss nicht verlässt. Das Ergebnis der Unterhaltung ist recht bedrückend. Kurz zusammengefasst: alle Intel-

lektuellen und Sozialisten in Deutschland, die noch eine Spur von
innerer Freiheit haben, ersehnen Deutschlands Niederlage. Und diese
Niederlage scheint ihnen so gut wie unmöglich. – Es gibt nur noch eine
Macht in Deutschland: die Militärmacht. […] – Alle jungen unabhängigen Schriftsteller sind einberufen worden, selbst die, die bisher für
untauglich galten, wie Heinrich Mann, Herzog, Schickele. – Jetzt kann
keiner mehr entrinnen. Nur in Österreich gelingt es ihnen, sich in Büros
setzen zu lassen, wie Zweig zum Beispiel. (Und Schickele sagt dies mit
geringschätziger Miene und in gereiztem Ton, was sich ganz allgemein
auf Österreichs Rolle in diesem Krieg bezieht.) Und doch gibt es in
Deutschland eine starke intellektuelle Opposition, die zahlenmässig
grösser und besser organisiert ist als in irgendeinem andern Lande: in
Berlin kennen und treffen sich etwa tausend Personen regelmässig.
Diese Opposition aber ist wirkungslos, nicht weil es den Menschen an
Tatkraft fehlt, sondern weil sie sich einem zu mächtigen Feind gegenüber ohnmächtig fühlen, einem Feinde, der sie belauert wie die Katze die
Maus. Schickele sagt: ‹Sie (die preussischen Machthaber) fühlen sich so
stark, dass sie bis vor kurzem nicht einmal die Zensur für nötig hielten.
Die Journalisten selber haben sie verlangt. Sie haben uns in der Hand. Sie
kennen jeden einzelnen von uns.› Und er erzählt, dass er an der Grenze,
als er Deutschland verliess, in ein Büro geführt worden sei, wo ihm nach
einer einfachen Passkontrolle alles, was er seit Kriegsausbruch getan hat:
alle seine Reisen, seine Zusammenkünfte in Deutschland, Tatsachen, die
nur er allein und einige enge Freunde zu kennen glaubten, vorgelesen
wurde. Dieses Erlebnis hat einen vernichtenden Eindruck auf Schickele
gemacht. Sie kennen also jeden ganz genau. Nur haben die Machthaber
bis jetzt von dieser Kenntnis keinen Gebrauch gemacht. Sie heben sie für
den Augenblick auf, da sie sie brauchen können. […] Alle freien
Intellektuellen wünschen die Niederlage des preussischen Militarismus
(und sie haben nicht die mindesten Bedenken, dies offen einzugestehen),
damit die Nation von dessen Sinnlosigkeit überzeugt werde. Andern-
falls sei es um die Intellektuellen geschehen. Es würde ihnen nichts
weiter übrigbleiben, als Deutschland zu verlassen. Aber wohin?»[11]
Schickele hat diese Frage für sich selbst damit beantwortet, dass er zwar
Ende 1915 nach Berlin zurückkehrte, aber schon im Februar des
folgenden Jahres wieder in die Schweiz ging, wo er bis zum Ende des
Krieges blieb. Zunächst bezog Schickele eine Wohnung in Zürich.

Schickele kam gerade rechtzeitig hierher, um die Anfänge des «Cabaret Voltaire» und die Geburt des Dadaismus mitzuerleben.

Am 1. März 1916 schrieb René Schickele an Ludwig Binswanger: «Die ‹Weissen Blätter› erscheinen vom 1. April an bei Rascher u. Cie.»,[12] und wirklich kam die nächste Nummer der Zeitschrift in Zürich heraus. Von da an befanden sich *Die weissen Blätter* wie ihr Herausgeber im Exil. Hiess es im Impressum der Märznummer noch: «In Kommission beim Verlag der Weissen Bücher, Leipzig», steht am selben Ort im Aprilheft: «Im Verlag von Rascher & Cie., Zürich». «Das war eine klare Situation», kommentierte Kasimir Edschmid den Verlagswechsel rückblickend und fügte hinzu: «– vermutlich mit einer gewissen Abgrenzung gegen die Dadaisten [...].»[13] Edschmids Vermutung ist bei Hans Richter eine Gewissheit. In seinen Erinnerungen an die Zürcher Zeit heisst es über Schickele: «Dada war für ihn nicht besonders erwähnenswert, weder im persönlichen Verkehr noch in den ‹Weissen Blättern›, die das Welterschütternde dieser frechen Rebellion in den Papierkorb verbannten.»[14] In der Tat wurde der Dadaismus in den *Weissen Blättern* mit Schweigen bedacht. Schickele war auch nicht willens, in seiner Zeitschrift die Autoren der neuen Bewegung selbst zu Wort kommen zu lassen, es sei denn, sie schlugen andere Töne an als im «Cabaret Voltaire». Dada scheint für ihn eine im besten Fall unterhaltsame Quantité négligeable gewesen zu sein. Schickeles Indifferenz Dada gegenüber hatte ihre Ursache in der ihm eigenen politischen Ernsthaftigkeit, die er bei den ästhetischen Aufrührern von der Spiegelgasse vermisste. Christian Schads Benennung des zentralen Problems des Dadaismus könnte auch aus Schickeles Feder stammen: «Das Experiment des Schocks gelang, jedoch nur im Formalen, aber nicht im Moralischen: die innere Erschütterung und Besinnung blieb aus.»[15]

Für das Aprilheft 1916 der *Weissen Blätter* verfasste Schickele den Essay *Der Mensch im Kampf*. Im ersten Teil seines Essays beklagt Schickele unter anderem Stadlers Tod und zitiert dessen Gedicht *Der Aufbruch*. Am Schluss äussert er sich zur politischen Rolle der deutschen Intellektuellen, denen er «verbrecherische Gleichgültigkeit gegen die leiblichen und geistigen Bedürfnisse»[16] ihrer Mitmenschen vorwirft. Schickele sieht hier keine andere Abhilfe als die innere Wandlung der Dichter und Denker: «Denn, wenn Ihr schon die Welt nach Eurem Bild gestalten wollt – Grössenwahn einer blutigen Stunde! – so müsst Ihr mit Euch

beginnen.»[17] Da es sich bei *Der Mensch im Kampf* um Schickeles ersten
Leitartikel für *Die weissen Blätter* handelt, kommt diesem Appell an die
Intellektuellen, was die zukünftige Ausrichtung der Zeitschrift anbelangt, Programmcharakter zu. Es mag daher überraschen, wenn Schickele im Glossenteil desselben Hefts schreibt: «Diese Zeitschrift rechnet
sich nicht zur pazifistischen Literatur.»[18] Doch Schickele unterscheidet
zwischen dem Pazifismus als politischer Bewegung und dem Pazifismus
als Gesinnung. Der Pazifismus, dem Schickele sich verpflichtet fühlt, ist
«eine geistige Verfassung, in der Individuen sich befinden, behaupten
und handeln»,[19] und, wie Schickele betont, «keine Partei».[20] In der
vorangehenden Glosse erwähnt Schickele Romain Rolland, der die von
Schickele favorisierte Haltung so konsequent einnahm, dass er noch
Jahre nach dem Krieg in Frankreich Persona non grata war. Rollands
1915 erschienene Essaysammlung *Au-dessus de la Mêlée* war einer der
Fixsterne, nach denen Schickele den Kurs der *Weissen Blätter* ausrichten
wollte. Über dem Getümmel der realen und ideologischen Fronten
sollte seine Zeitschrift stehen und auf dieser höheren Ebene den Boden
bereiten für Frieden und Demokratie.

Die deutsche Zensurbehörde betrachtete Schickeles Äusserungen im
Aprilheft seiner Zeitschrift als pazifistische Agitation, weshalb das
Maiheft als erste Nummer der *Weissen Blätter* seit deren Gründung
verboten wurde.[21] Zwar blieb das in Deutschland ausgesprochene
Verbot wegen des Schweizer Verlagsorts der Zeitschrift ohne nennens-
werte Folgen, doch es ist fraglich, ob Norbert Jacques die realen
Verhältnisse nicht allzu sehr verklärt, wenn er schreibt: «Aus den
nachhitlerischen Jahren diese Zeit zurücküberblickend, die man damals
dem preussischen Militarismus für verhaftet hielt, muss man die Duld-
samkeit anstaunen, in der solche Erscheinungen mitverarbeitet wurden.
Selbst noch 1916 wurde als Kriegsgegnern bekannten Persönlichkeiten
die Reise und Emigration nach der Schweiz erlaubt, ihre Stücke in
Deutschland aufgeführt, ihre Bücher und Aufsätze gedruckt.»[22] Jedenfalls wurde Schickele spätestens durch das Verbot klar, dass er gut daran
getan hatte, mit den *Weissen Blättern* ins Exil zu gehen.

1916

Einer der Hauptgründe, weshalb Schickele in der Schweiz seine Redak-
tionsarbeit fortsetzen konnte, war, dass er im Exil vielen Mitarbeiterinnen und Mitarbeitern der *Weissen Blätter* wiederbegegnete. Zu diesen
gehörte auch Leonhard Frank. Der 1882 in Würzburg geborene Frank
stammte aus einfachsten Verhältnissen. Zunächst schlug er sich als
Fahrradmechaniker, Fabrikarbeiter, Chauffeur, Anstreicher und Kran-
kenhausdiener durch, nutzte aber jede freie Minute, um sich autodidak-
tisch weiterzubilden. Vom Wunsch beseelt, Maler zu werden, ging er
1904 nach München. Dort fand er Anschluss an die Schwabinger
Boheme und versuchte sich als bildender Künstler. 1910 siedelte er nach
Berlin über, wo er sich anfänglich ohne Erfolg auf die Schriftstellerei
verlegte. Dennoch verkehrte er in Literaturkreisen und ging im «Café
des Westens» ein und aus. 1914 schaffte er mit seinem Roman *Die
Räuberbande,* für den er den Fontane-Preis erhielt, den Durchbruch.
Doch Franks Hochgefühl währte nicht lange. Der Kriegsausbruch löste
auch bei ihm keineswegs Begeisterung, sondern vielmehr grösste Bestür-
zung aus. Will man seinem autobiographischen Roman *Links wo das
Herz ist* Glauben schenken, so gehörte Frank, der im Roman Michael
heisst, zu den Kriegsgegnern der ersten Stunde: «Am 4. September 1914
kamen die paar kriegsgegnerischen Männer, die es in Berlin gab, in
Michaels Wohnung, darunter der Dichter René Schickele, der Philosoph
Otto Buck, Max Brod und Alvarez del Vayo, ein spanischer Journalist.
Sie fragten vergebens in den Blutdunst, wie der Krieg beendet werden
könnte, der durch Wort und Schrift nicht beendet werden konnte.»[23]
Wenige Monate später, am 7. Mai 1915, musste Frank Deutschland Hals
über Kopf verlassen, hatte er doch im «Café des Westens» einen
Journalisten, der dort die eben erfolgte Versenkung der «Lusitania»
verkündet und als die grösste Heldentat der Menschheitsgeschichte
bezeichnet hatte, wortlos ins Gesicht geschlagen und musste daher mit
Strafverfolgung rechnen. Wie Schickele geriet also auch Frank im
Zusammenhang mit der Versenkung der «Lusitania» in Schwierigkeiten.
Die Versenkung der «Lusitania» war für viele deutsche Intellektuelle ein
Schlüsselerlebnis, das sie entweder in ihrer Ablehnung des Krieges
bestärkte oder sie überhaupt erst zu Kriegsgegnern machte. Leonhard
Frank hätte wegen der Ohrfeige, die er dem chauvinistischen Journali-

sten gegeben hatte, am folgenden Tag in seiner Wohnung verhaftet werden sollen.[24] Da war er jedoch bereits unterwegs Richtung Schweiz. In der Kuranstalt Bellevue fand er, wie nach ihm Schickele, eine erste Zuflucht.

Im Gegensatz zu Schickele war Frank, als er in Kreuzlingen ankam, keineswegs pflegebedürftig. Er war weniger Patient Binswangers als vielmehr dessen Gast, mit dem dieser sich vor allem über Literatur austauschte. Wie aus einem Brief Binswangers an den mit ihm befreundeten Philosophen und Pädagogen Paul Häberlin hervorgeht, war er von Frank sehr angetan: «Ich schicke und schenke Ihnen eine Nummer der Weissen Blätter, in der ich Sie und Frau Paula zu lesen hoffe: Leonhard Frank, Die Ursache. Der Autor ist für längere Zeit bei uns und Sie werden ihn wohl einmal kennen lernen. Er ist ein genialer Mensch im vollen Sinn des Wortes und merkwürdigerweise gesund; keine Pose, enormer Fleiss, vornehme Natur, absolut kein Scheinmensch (Sohn eines Schreinergesellen) für mich ganz ein neuer Typus Mensch, wenigstens aus dem Leben selber. Er hat mit einem Roman (Die Räuberbande) den Fontanepreis bekommen (Preisrichter S. Fischer). Endlich ein Mensch, dem der Krieg nicht das Wichtigste auf Erden ist.»[25] Binswangers Bemerkung, dass Frank ein Mensch sei, «dem der Krieg nicht das Wichtigste auf Erden ist», widerspricht dem Bild, das der Autor in seinem autobiographischen Roman von sich selbst respektive von seinem Helden entwirft. Dieser nämlich wird als geradezu vom Krieg besessen präsentiert. Alle seine Empfindungen und Gedanken kreisen nur um das grosse Morden. Diese Fixiertheit lastet wie ein Fluch auf ihm, von dem er sich dann aber schreibend selbst befreit.

Die genaue Dauer von Franks Aufenthalt in Kreuzlingen ist nicht bekannt. Am 10. Juli 1915 schrieb Frank an Ernst Hardt: «Ich bin seit 4 Wochen hier in einem Sanatorium (eingeladen).»[26] Anfang August nahm er sich ein Zimmer in einer bescheidenen Pension in Zürich, wo seine Freundin und spätere Frau Lisa Ertel, die er in Deutschland hatte zurücklassen müssen, wieder zu ihm stiess. Das Paar hatte lange in grosser Armut gelebt und fügte sich daher geduldig in die im Vergleich zu Berlin beengten Verhältnisse. Der Künstler Christian Schad erwähnt in seinen Erinnerungen, dass Leonhard Frank «einmal so gehungert hat, dass er später kaum mehr zu essen vermochte».[27] Frank war indes nicht nur aus Not ein Asket. Der Asketismus entsprach offenbar seiner

Leonhard Frank (1882–1950).

Natur.[28] Hans Richter schildert ihn als soignierten Anachoreten: «Leonhard Frank gehörte zu den elegantesten Erscheinungen der Dada-Zeit. Sein grauer Flanellanzug mit passender Krawatte und den leicht ergrauten Wüstlingsschläfen, wie man es damals nannte, passten prächtig zu der Grau-Bläue des Zürichsees [...]. Er war eines der vielen, so vieles versprechenden Talente meiner Generation. Den knappen Realismus seiner Ausdrucksweise bewunderten wir nicht weniger als die betonte Einsamkeit dieses Mannes, der so böse in die Welt blickte, mit dem Ausdruck eines Hechtes, welcher kleine Fische frisst, und doch von uns allen wollte, dass wir gut seien.»[29] Obwohl diese Schilderung den gegen Kriegsende ökonomisch wieder erfolgreichen Autor und nicht den Frank des Jahres 1915 zum Gegenstand hat, dringt in ihr dennoch ein wesentlicher Aspekt von Franks Persönlichkeit durch: Frank war ein Moralist. Hugo Ball hat denn auch Leute wie Frank oder Schickele als Moraliker bezeichnet, die Dadaisten dagegen Ästhetiker genannt.[30]

Leonhard Frank verdankte seinen grössten literarischen und zugleich politischen Erfolg der Erzählung *Der Kellner*. Die Erzählung handelt von einem stramm patriotischen Kellner, der alles daran setzt, seinem einzigen, abgöttisch geliebten Sohn den gesellschaftlichen Aufstieg zu ermöglichen, der ihm selbst verwehrt geblieben war. Die Laufbahn des Sohnes entspricht ganz den Erwartungen des Vaters. Nicht einmal der

Ausbruch des Krieges, der den Studenten zum Soldaten macht, vermag den Zukunftsglauben des Vaters zu erschüttern, bewährt sich der Sohn doch auch an der Front und wird sogar mit dem Eisernen Kreuz ausgezeichnet. Als aber der Tod dem jungen Mann das hölzerne Kreuz verleiht, bricht die heile Welt des Vaters in sich zusammen und er steht buchstäblich vor dem Nichts. Allmählich dämmert ihm in der Nacht seines unermesslichen Schmerzes, dass er mitschuldig sein könnte am Tod seines Sohnes. Ausgelöst wird sein innerer Wandel durch eine «Photographie des Söhnchens – in Infanterieuniform, mit präsentiertem Gewehrchen».[31] Um nicht ständig an seine Schuld erinnert zu werden, versteckt er die Spielzeugwaffen seines Sohnes hinter dem Klavier im Festsaal des Hotels, in dem er arbeitet. Eines Tages findet dort eine Bauarbeiterversammlung statt und der Kellner wird zufällig Zeuge, wie ein kleiner Junge mit dem Gewehrchen seines Sohnes, das er hinter dem Klavier entdeckt hat, auf die Versammelten zielt. Der Kellner nimmt dem Kind das Spielzeug weg und hält der Versammlung eine Rede, in der er den Zusammenhang zwischen der Erziehung seines Sohnes und dessen schrecklichem Ende aufzeigt und seinen Zuhörern klar macht, dass sie als Eltern ebenso Schuld auf sich geladen haben wie er. «Nehmt die Schuld auf euch», ruft er ihnen zu, «damit ihr der Liebe wieder teilhaftig werden könnt. Denn nur, wer sich hier schuldig fühlt, kann entsündigt werden und wieder lieben.»[32] Danach steigt er vom Podium herunter und führt sein Publikum auf die Strasse, wo mehr und mehr Menschen sich dem Zug anschliessen, bis schliesslich alle dem Kellner folgen: «Die ganze Stadt war aufgestanden und schrie ein Wort. Friede. Das so gesprochene Wort wurde zu vieltausendstimmigem, gewaltigem Gesange. Alle Kirchenglocken läuteten.»[33] Mit diesem sakralen Schlussakkord endet die Erzählung.

Der Kellner erschien erstmals 1916 im Novemberheft der *Weissen Blätter*,[34] gefolgt von sieben Zeichnungen von George Grosz. Unter dem Titel *Der Vater* wurde die Erzählung im *Almanach der Neuen Jugend auf das Jahr 1917* auch in Deutschland veröffentlicht.[35] Das Inhaltsverzeichnis des Almanachs liest sich wie eine Liste der Mitarbeiter der *Weissen Blätter*, denen ausser der Erzählung Franks noch zwei weitere Beiträge entnommen sind. Illustriert ist der Almanach unter anderem mit Arbeiten von Grosz, womit die Nähe der von Wieland Herzfelde herausgegebenen *Neuen Jugend* zu Schickeles Zeitschrift ins

Auge springt.[36] Es steht zu vermuten, dass der solch brisantes Material enthaltende *Almanach der Neuen Jugend* nur deshalb die Klippen der Zensur umschiffen konnte, weil Herzfeldes Blatt noch relativ unbekannt war. Wegen der mangelnden Wachsamkeit der Zensoren wurde jener denkwürdige Abend möglich, von dem Leonhard Frank in seinem autobiographischen Roman *Links wo das Herz ist* schreibt: «Die Geschichte des alten Hotelkellners war […] zuerst in René Schickeles Zeitschrift ‹Die weissen Blätter› erschienen, die in der Schweiz gedruckt wurde. Ein Berliner Verleger druckte sie nach in seinem unverdächtigen Jahresalmanach, und die Schauspielerin Tilla Durieux las sie in Berlin öffentlich vor. Kurz danach erfuhr Michael [Leonhard Frank], dass fünfhundert Zuhörer den Schluss der Erzählung – die revolutionäre Friedensdemonstration – vom Saal weg durch die Strassen in die Tat umgesetzt hatten.»[37] Franks Wunsch, dass seine literarische Fiktion Wirklichkeit würde, hat ihm hier die Feder geführt. Die durch die Erzählung ausgelöste spontane Kundgebung fand leider nicht statt. Tilla Durieux erinnerte sich noch im hohen Alter genau an die trotzdem erstaunliche Reaktion ihres Publikums: «In der Viktoriastrasse fingen wieder Vortragsabende an. […] Eine pazifistische Novelle von Leonhard Frank wurde unserem Verlag angeboten. Sowohl ich als auch Paul [Cassirer] waren vom Inhalt begeistert, und so schlug ich vor, sie an einem dieser Abende zu lesen. Paul war als Kriegsgegner zurückgekommen und hielt mit seiner Meinung nicht zurück. Wir hatten, wie immer, zu diesem Abend geladenes Publikum, ungefähr dreihundert Personen, in unserem Oberlichtsaal versammelt, an dessen Wänden die herrlichsten Bilder grosser Meister hingen. Zuerst trug Gertrud Eysoldt Gedichte vor, dann las ich die Novelle. Die kriegsmüden Zuhörer wurden von dem Inhalt hingerissen. Ich las mit grosser Hingabe, und so kam es, dass sich nach Beendigung der Vorlesung der ganze Saal wie ein Mann erhob und ‹Friede! Friede!› schrie. Einige Hitzköpfe wollten auf die Strasse eilen, um einen Demonstrationszug zu machen, aber glücklicherweise wurden sie von Besonneneren daran gehindert.»[38]

1917

Der Kellner gehört zu einem Zyklus von Erzählungen, der 1917 als Band
der Reihe «Europäische Bücher» im Zürcher Max Rascher Verlag
herauskam. Der Band trug den bezeichnenden Titel *Der Mensch ist gut*
und war während und unmittelbar nach dem Ersten Weltkrieg eines der
erfolgreichsten pazifistischen Bücher im deutschen Sprachraum. Nur
die deutsche Übersetzung von Henri Barbusses *Le feu* und *Menschen im
Krieg* konnten es an Erfolg mit ihm aufnehmen. 1916 erschien im Verlag
Rascher & Cie. die erste pazifistische Novelle in deutscher Sprache,
Charlot Strassers *In Völker zerrissen,* die indes wenig Beachtung fand.
Im Jahr darauf jedoch war dem Buch eines zunächst anonym bleibenden
Autors ein Riesenerfolg beschieden. *Menschen im Krieg* hiess die
Sammlung von sechs Erzählungen, in denen die Schrecken des Krieges
und deren Auswirkungen auf die Betroffenen schonungslos realistisch
wiedergegeben wurden, wobei sich der Autor offensichtlich auf eigene
Erfahrungen abstützen konnte. Die Mischung aus literarischem Text
und Erfahrungsbericht erwies sich als ungeheuer wirkungsvoll. Den
Leserinnen und Lesern war, wie wenn plötzlich der Vorhang vor dem
Entsetzlichen weggerissen worden wäre, das sich rings um sie abspielte.
Innert acht Wochen wurden allein in der Schweiz 8000 Exemplare des
Buches verkauft, was für damalige Verhältnisse geradezu sensationell
war. Der Erfolg von *Menschen im Krieg* hatte aber auch seine Schatten-
seite. Das Buch war derart radikal, dass Max Rascher befürchten musste,
in Deutschland Probleme mit der Auslieferung seines Sortiments zu
bekommen, schliesslich hatte der Verlag Rascher & Cie. auch eine
Niederlassung in Leipzig, die den deutschen Markt bediente. Tatsächlich wurde die Verbreitung von *Menschen im Krieg* in Deutschland
kurze Zeit nach Erscheinen des Buches verboten. Rascher fasste daher
den Entschluss, einen nur in der Schweiz domizilierten Zweitverlag zu
gründen, der es ihm erlauben würde, ungehindert pazifistische Literatur
zu publizieren.[39] Der neue Verlag, der im November 1917 ins Leben
gerufen wurde, trug den vollen Namen seines Gründers: Max Rascher
Verlag AG. Damit machte Max Rascher deutlich, dass das Programm des
neuen Verlages seinen Ansichten entsprach. Sein erklärtes Ziel war «die
Förderung der gesamteuropäischen Idee», wobei Rascher von der
Überzeugung ausging, «dass die Schweiz dasjenige Land ist, das vor

Andreas Latzko (1876–1943).

allem berufen ist, in dem Kampf für die europäische Idee voranzuge-
hen».[40] Dementsprechend nannte Max Rascher die in seinem neuen
Verlag erscheinenden pazifistischen Titel «Europäische Bücher».[41]
Den Anfang der «Europäischen Bücher» machte die Neuauflage von
Menschen im Krieg. Das Geheimnis um den Autor war mittlerweile
gelüftet worden. Es handelte sich um den Schriftsteller und Offizier
Andreas Latzko.[42] Andreas Latzko gehört zu den vielen Vergessenen
der Literaturgeschichte. Nur die Amerikaner erinnern sich noch seiner,
da er in den dreissiger Jahren eine Biographie Lafayettes, eines ihrer
Revolutionshelden, geschrieben hat, die in den USA viele Leser fand.
Andreas Latzko kam 1876 als Sohn einer Österreicherin und eines
Ungarn zur Welt. Er studierte in Berlin Chemie, arbeitete dann aber für
eine Bank und schrieb Theaterstücke auf Ungarisch. Sein Erstling, der
Einakter *Ich liebe Sie,* wurde 1898 am ungarischen Staatstheater uraufgeführt. Eine deutsche Fassung des Stücks wurde zwischen dem 30. August und dem 1. Oktober 1902 im Residenztheater in Berlin täglich
gespielt. Obschon seine ungarischen Dramen beim Publikum durchaus
ankamen, hatte Latzko später mehr Erfolg mit seinen auf Deutsch
verfassten Büchern, insbesondere mit dem 1913 veröffentlichten Roman
Der wilde Mann.

Wie die meisten seiner Kollegen betätigte sich Latzko auch als Journalist. Bei Kriegsausbruch ging er nach München und entzog sich so der drohenden Einberufung. 1915 rückte er dann doch ein,[43] weil er die ihm durch die Kriegszensur aufgezwungene Passivität nicht mehr aushielt. Er kämpfte vierzehn Monate lang in Italien und auf dem Balkan, bis er an der Front einen Schock erlitt und deshalb im August 1916 zur Erholung nach Innsbruck geschickt wurde. Da sein Gesundheitszustand sich in Innsbruck nicht bessern wollte, erteilte man Latzko die Erlaubnis, als Mitglied einer deutschen und österreichischen Offiziersgesellschaft Urlaub im Schweizer Kurort Davos zu machen. In Davos nahm er seine schriftstellerische Tätigkeit wieder auf. Weihnachten 1916 verfasste er die Erzählung *Heldentod,* die erste der späteren Sammlung *Menschen im Krieg.* Bereits im Januar 1917 erschien die Erzählung in den *Weissen Blättern.* Rückblickend schrieb René Schickele, er habe Latzkos Manuskript und ein verlagsfrisches Exemplar von Barbusses *Le Feu* zur gleichen Zeit erhalten.[44] Möglicherweise war er es, der Latzko auf Barbusse aufmerksam gemacht hat. Jedenfalls regte *Le Feu* Latzko nach eigenem Bekunden dazu an, innert kürzester Zeit die restlichen Erzählungen des Bandes *Menschen im Krieg* zu Papier zu bringen.

Latzko publizierte einzelne seiner Erzählungen wie Frank zuerst in den *Weissen Blättern. Die Kriegswitwe* von Frank und *Der Kamerad* von Latzko erschienen sogar im selben Heft. Franks Novellen unterscheiden sich von den Erzählungen Latzkos vor allem dadurch, dass sie vom Schicksal der Menschen hinter und nicht an der Front handeln, was bestimmt zu ihrer Popularität beitrug. Während Barbusse und Latzko das Schicksal der Soldaten in den Mittelpunkt stellten, wählte sich Frank die Leiden der Daheimgebliebenen zum Gegenstand. Frank zeigte überdies einen möglichen Weg aus der Katastrophe auf: den Generalstreik. Was die Schweiz anbelangt, wies sein Werk damit voraus auf die Ereignisse des letzten Kriegsjahres. Von den deutschen Behörden wurde das revolutionäre Potential von Franks Buch dermassen hoch eingeschätzt, dass es nicht ins Reich eingeführt werden durfte. In seinem autobiographischen Roman *Links wo das Herz ist* erzählt Frank, wie der Titel seines so gefährlichen Buches anlässlich eines friedlichen Gesprächs unter Kollegen im Zürcher Café «Terrasse» gefunden wurde: «Während Michael verzweifelt den Stuhl drückte und sich bemühte, das Gespräch wieder auf den nicht vorhandenen Titel zu lenken, zeigte Del

Vayo, hinter dessen Warmherzigkeit ein starker Wille war, lächelnd die
Zähne, die den mächtigen Kiefer überfüllten, und sagte ruhig im Ton der
Überzeugung, nur in einer sozialistischen Gesellschaftsordnung könnten die guten Eigenschaften des Menschen die Oberhand gewinnen. Da
starrte Michael ihn an, blass geworden, als hätte er eine Erscheinung:
‹Ich habe den Titel. Ich habe ihn. ‹Der Mensch ist gut›.› Nach einer
Überlegungspause, während der er schräg in den Himmel geblickt hatte,
sagte Schickele lächelnd: ‹Der Titel ist gut. Dass der Mensch gut ist,
bezweifle ich.›»[45]

1918

Seit René Schickele die Redaktion in die Schweiz verlegt hatte, waren
Die weissen Blätter wie oben erwähnt bei Rascher & Cie. herausgekom-
men. Im Juli 1917 musste die Zeitschrift aus bis heute nicht ganz
geklärten Gründen ihr Erscheinen einstellen. Ein Jahr später allerdings
auferstanden *Die weissen Blätter* wie der Phönix aus der Asche. Verlags-
ort war nun Bern-Bümpliz und Verleger René Schickele selber. Im
ersten Heft der neuen alten Zeitschrift veröffentlichte Schickele einen
Beitrag, den er schon im Vorjahr erhalten hatte. Aus seinem Dankes-
schreiben an den Autor vom 7. September 1917 wird deutlich, dass er
damals glaubte, *Die weissen Blätter* würden früher wieder erscheinen,
als es dann tatsächlich der Fall war:
«Verehrter Meister,
vielen Dank für das ‹Wandbild›, das mich entzückt hat. – Sie erhalten in
den nächsten Tagen Korrektur.
Herzlichst Ihr René Schickele»[46]
Der «verehrte Meister» war ein Maestro und hiess Ferruccio Busoni. Bei
dem «Wandbild» handelte es sich um «eine Szene und eine Pantomime»,
wie es im Untertitel heisst, also um einen kurzen dramatischen Text.
Ferruccio Busoni war einer der berühmtesten Klaviervirtuosen und
Komponisten seiner Zeit. 1866 in Empoli bei Florenz als Sohn einer
deutschen Pianistin und eines italienischen Klarinettisten geboren,
debütierte Busoni mit nur siebeneinhalb Jahren in Triest, trat dann 1875
in Wien ins Konservatorium ein und absolvierte von 1880 bis 1881 ein
Kompositionsstudium in Graz. Mit fünfzehn konnte er bereits ein

Werkverzeichnis von 77 Nummern vorlegen. Kurz, Busoni war ein Wunderkind. Nach Lehr- und Wanderjahren, die ihn unter anderem nach Leipzig, Helsinki, Moskau und Boston führten, liess er sich 1894 in Berlin nieder, wo er, abgesehen von den Kriegsjahren, bis zu seinem Tod im Jahre 1924 wohnen sollte. In Berlin stieg er auf zum Weltruhm. Seine Tourneen führten ihn durch ganz Europa und die USA. 1913 feierte er auch in Italien Triumphe. Von der Begeisterung seiner Landsleute überwältigt, nahm er im Oktober desselben Jahres den Direktions- posten des Liceo Musicale in Bologna an, den schon Rossini innegehabt hatte. Bereits ein Jahr später bat er um Urlaub für eine Amerikatournee. Der Ausbruch des Ersten Weltkriegs hatte auch ihn in eine Krise gestürzt, der er sich durch die Flucht aus Europa zu entziehen suchte. Busoni war aufgrund seiner Herkunft und Biographie ein wahrer Weltbürger. Der Krieg konnte in ihm nur Abscheu und Verzweiflung erregen. Als im Mai 1915 auch Italien seine Neutralität aufgab, schwor er sich, «in Kriegszeiten kein Kriegsland zu sehen».[47] Deshalb kehrte er im September nur kurz nach Bologna zurück und zog dann nach Zürich ins Exil. Zwar stiess auch er dort auf viele alte Bekannte, zum Beispiel Leonhard Frank und René Schickele, und konnte dank seiner Beziehun- gen zu Schweizer Dirigenten und Musikern wie Volkmar Andreae oder Hans Huber seine Arbeit fortsetzen, doch glücklich war er hier nicht. Am wohlsten fühlte er sich im Erstklassbuffet des Bahnhofs, da dort ein Hauch von Welt zu spüren war, den er sonst in der Schweiz vermisste. Ganz so schlimm kann es aber nicht gewesen sein, denn Busoni blieb bis 1920 in Zürich. Als er ging, war er immerhin Ehrendoktor der hiesigen Universität. Er verliess die Stadt also nicht ohne Anerkennung seiner Verdienste um das Musikleben in der Schweiz während des Krieges.

Busonis Konzerte in der Schweiz waren Einheimischen und Exilanten ein Trost in der schwierigen Zeit. René Schickele hatte das Glück, Busoni mehrmals zu hören. In den *Weissen Blättern* veröffentlichte er seine Eindrücke von einem Konzert des Meisters am 13. Mai 1918 in Bern: «Busonis Spiel: gutes Holz! schönes Holz! verwandelte Geige. Alle Bewegungen rund, immer, der eckigste Anlauf geht rund, in einer Ellipse, so scharf sie sei. Busoni ist voller Freude am Spiel; er *spielt* wirklich. Der kann noch spielen! Das tummelt sich wie ein tönender Kreisel, und auf einmal steht der Kreisel ganz gerade und wird ein kreisender Springbrunnen voller Farben, die den Tag zu Schaum schla-

Ferruccio Busoni (1866–1924).

gen. Das Spiel bekommt eine Gebärde ins Grenzenlose, irgend etwas von einem unheimlich ‹fahrigen› Rhythmus, die formalen, die mathematischen Gesetze scheinen über die bekannten Grenzen zu fernen Magneten gezogen. Hier ist, unter dem schöpferischen Atem, das Chaos, das einen Stern gebiert. Da ist er, der Stern, und alle gut gewordenen Menschen ziehen geruhigen Herzens gen Bethlehem ...»[48] Schickele, und nicht nur er, sah in Busonis Spiel eine völkerverbindende, friedensstiftende Kraft. Busoni war der Pazifist am Klavier, dessen zauberhafte Töne den Lärm des Krieges übertönten.

Busoni war nicht nur ein begnadeter Musiker, sondern auch Verfasser von musiktheoretischen Schriften, dramatischen Dichtungen und Opernlibretti. Nicht immer hat er seine Texte auch selbst vertont. *Das Wandbild* zum Beispiel wurde vom Schweizer Komponisten Othmar Schoeck in Musik gesetzt. Geschrieben hat Busoni *Das Wandbild* aber nicht für Schoeck, sondern für Philipp Jarnach, einen in Frankreich geborenen Musiker spanischer Herkunft, mit dem Busoni in Zürich bekannt geworden war. Jarnach hat nach Busonis Tod dessen Oper *Faust* vollendet. Ein Teil des von Busoni verfassten Librettos dieser Oper war wie *Das Wandbild* 1918 in den *Weissen Blättern* erschienen. Der vollständige Text kam erst 1920 heraus. Die Oper *Faust* ist Busonis literarisches und musikalisches Vermächtnis, das bezeichnenderweise Fragment blieb. Der

Versuch, Deutschland und Italien, germanische und romanische Welt in einer Oper zu vereinen, ging über seine Kräfte.

1919

René Schickele, Leonhard Frank, Andreas Latzko, sie alle verehrten Busoni und waren sich mit dem Meister in ihrer Ablehnung des Krieges einig. Schickele und Latzko verband ausserdem die binationale Herkunft mit ihm, die doppelte Wurzel in zwei Kulturen. Wirklich verstanden aber hat ihn nur eine Frau. Annette Kolb war Pazifistin. Auch sie war zwei Völkern zugehörig. Ihre Mutter war Französin, ihr Vater Deutscher. Wie die Genannten war sie eine erfolgreiche Schriftstellerin. Doch sie war nicht nur das, sie war auch Musikerin. Ihre Mutter, die gefeierte Pariser Konzertpianistin Sophie Danvin, hat Annette Kolb ihr Talent vererbt. Schon mit drei wurde die kleine Annette im französischen Salon ihrer Mutter, den auch Franz Liszt frequentierte, als Wunderkind gefeiert. Sie trat jedoch nicht in die Fussstapfen ihrer Mutter, sondern begann schon früh zu schreiben. Lange wollte niemand ihre Aufsätze drucken. Einen ersten Essayband gab sie deshalb im Eigenverlag heraus. Ihr Roman *Das Exemplar* jedoch wurde 1913 von der Kritik und der Öffentlichkeit begeistert aufgenommen. Sie erhielt für das Buch den Fontane-Preis, den ein Jahr darauf Leonhard Frank für seinen Erstling *Die Räuberbande* bekommen sollte. Von da an war sie eine anerkannte Autorin.

Im Juli 1914 wurde Annette Kolb zu einem Vortrag in der Literarischen Gesellschaft nach Dresden eingeladen. Am 15. Januar des folgenden Jahres hielt sie dort eine Rede, die ihr Leben verändern sollte. Sie wagte es nämlich, sowohl die französische als auch die deutsche Presse wegen der von ihr betriebenen chauvinistischen Hetze als mitschuldig am Krieg zu bezeichnen, und rief die Journalisten auf, stattdessen auf die Versöhnung der Völker hinzuarbeiten. Annette Kolb konnte ihre Rede nicht zu Ende halten, wurde von der Bühne gezerrt und konnte nur dank dem beherzten Eingreifen einiger Damen den Saal verlassen. Noch in derselben Nacht reiste sie ab, um sich nicht weiteren Demütigungen aussetzen zu müssen. Die Reaktionen auf ihre Rede in Deutschland waren vernichtend. Dennoch gab es Einzelne, die ihren Mut bewunder-

Annette Kolb (1870–1968).

ten. René Schickele besuchte sie in München und forderte sie auf, Mitarbeiterin der *Weissen Blätter* zu werden. Annette Kolb hat dieser Begegnung einige Zeilen gewidmet, die zugleich eine klare Begründung der lebenslänglichen Freundschaft zwischen ihr und Schickele enthalten: «Ich war in einer Einsamkeit, die ich nicht kannte. In einer Stunde der Verzweiflung rief mich jemand an, er möchte mich sprechen. Und ich antwortete ihm: ‹Mein Herr, das wird nicht viel Sinn haben, wenn Sie nicht wie ich denken!› Auf das hin erwiderte er: ‹Ich will Sie ja nur deshalb sehen, weil ich denke wie Sie!› Daraufhin rief ich: ‹Kommen Sie schnell!› Fünf Minuten darauf war er bei mir. Es war der Elsässer René Schickele, und wir waren Landsleute.»[49] Natürlich wollte Annette Kolb damit nicht sagen, dass sie auch Elsässerin, sondern auch Deutschfranzösin sei. Überdies wollte sie ihre geistige Verwandtschaft mit Schickele zum Ausdruck bringen, den sie in diesem Sinne einmal als «[l]e seul compatriote que j'eus jamais»[50] bezeichnet hat.

Für *Die weissen Blätter* schrieb Annette Kolb ihre *Briefe an einen Toten,* die 1916 unter dem Titel *Briefe einer Deutsch-Französin* als Buch herauskamen. Vermutlich wegen dieses Buches verhängte das Bayrische Kriegsministerium eine Briefsperre über Annette Kolb und verbot ihr jegliche pazifistische Tätigkeit. Ausserdem musste sie für Auslandsreisen eine Genehmigung beantragen. Dank einflussreicher Freunde konnte sie aber im Herbst für zwei Monate in die Schweiz gehen. Im folgenden Jahr wurde ihr die Ausreise erneut gestattet. Am 1. Februar 1917 kam sie nach Bern, wo sie bis nach Kriegsende ihren festen Wohnsitz hatte. In Bern engagierte sie sich auf die vielfältigste Art und Weise. Ihre Bemühungen, zwischen Frankreich und Deutschland zu vermitteln, trugen ihr aber auf beiden Seiten den Ruf einer Spionin ein. Annette Kolb setzte sich zwischen alle Stühle und erreichte leider nur wenig. Immerhin gelang es ihr, belgische und französische Frauen, die hätten deportiert werden sollen, in die Schweiz zu retten. Im Allgemeinen aber war ihre Arbeit vergeblich.

Annette Kolb hat während ihrer Schweizer Jahre ein Tagebuch geführt und Teile daraus 1919 in den *Weissen Blättern* veröffentlicht. 1921 publizierte sie eine literarisch überarbeitete Fassung ihres Tagebuches unter dem Titel *Zarastro*. Dieser Fassung stellte sie eine Einleitung voran, die mit folgenden Sätzen beginnt: «Dieses Buch, das auf Grund täglicher Aufzeichnungen entstand, enthält Enttäuschungen als sein Wesen. Es ist ein Tagebuch der Enttäuschungen, ich verhehle es nicht. Gerade sie sind das einzig wertvolle daran. Denn an allen Erlebnissen während dieser Jahre, an allen Szenen, allen Ereignissen, allen Episoden hat sich die Beobachtung ergeben, dass im wachsenden Umfang die besten Hoffnungen, die reinsten Zugehörigkeiten ihre dramatische Zerstörung nach sich zogen. Zu sehen, wie sie immer sehr buchstäblich zuschanden kommen mussten, versetzte mich erst in eine dumpfe, herabgestimmte Unruhe, und nur allmählich entdeckte ich, dass sich in allem die kleine wie die grosse Höllenmaschine menschlicher Niedrigkeit gleichsam eingebaut hielt, überall, auf dieselbe Weise und mit derselben Wirkung jede edle, jede vernünftige Absicht, jede Harmonie im Keim vernichtete.»[51]

Harmonie in jeder Beziehung war, was Annette Kolb anstrebte und im Krieg so schmerzlich vermisste. Umso beglückter war sie, als sie im Winter 1917 zum ersten Mal Busoni spielen hörte: «Das gibt es also noch, dachte ich nach einer Weile. Da geht man mühselig seinen Weg, und plötzlich dies – dieses plötzliche Angelangtsein, diesen Schauer der Ruh, diese unvermutete Herberge. [...] Mozart hatte sich eine verzauberte Flöte ausgedacht: hier nun wurde tatsächlich das ‹piano enchanté› zur Wirklichkeit. Wir brauchen dabei nur an seinen Vortrag der an sich kaum noch erträglichen Pianofortekompositionen Liszts zu erinnern.»[52]

«Die Zauberflöte» ist hier das Stichwort, denn ihr ist der Titel von
Annette Kolbs Tagebuch entnommen. Zarastro ist der Name des edlen
und weisen Herrschers, der über die böse Königin der Nacht den Sieg
davonträgt. Annette Kolb hat in diesem Sieg den Triumph des Geistes
über die Macht gesehen. Den Geistigen sollte die Zukunft gehören. Auf
Busoni Bezug nehmend schrieb Annette Kolb nach dem Krieg: «[...]
sollen wir heute, wo die Kronen zu Dutzenden auf das Pflaster rollten,
sie im Staube verkommen lassen und wie im alten Regime die wahren
Könige nicht ausrufen und nicht unterscheiden?»[53]
Annette Kolbs Vater war möglicherweise ein illegitimer Spross des
bayrischen Königshauses. Vielleicht rührt daher ihre Schwäche für
gekrönte Häupter. 1918 gefragt, worin sie die ideale Staatsverfassung
sehe, antwortete sie: «In einer gekrönten Republik.»[54] Annette Kolb
war damals überzeugt, dass die Massen der Führerschaft bedürfen.
Dennoch hatte sie nichts mit den Anhängern totalitärer Ideologien
gemein. Dies zeigt eine Bemerkung Annette Kolbs aus dem Jahre 1924:
«Nebenbei gesagt, man braucht nur die Köpfe d'Annunzios, Busonis
und Toscaninis mit dem Mussolinis zu vergleichen, man ist dann gleich
im Bilde über die wahren ‹Duce›, auf welchen der Aufstieg des heutigen
Italiens gründet.»[55] Ihr Freund René Schickele indes stand jeglicher
Führerschaft skeptisch gegenüber. Im Januar 1919 bekannte er sich in
den *Weissen Blättern* zu seinem politischen Glauben. Die Verwirklichung seines Ideals einer freien, friedlichen Gesellschaft sei nur «durch
Ausschaltung des Zwangs, durch die direkteste Aktion der Überzeugung, der Bekehrung» zu erreichen.[56] Ein halbes Jahr später veröffentlichte er wiederum in den *Weissen Blättern* ein Gedicht, das diesen
Gedanken in Versen vermittelt und überdies die Summe darstellt, die
René Schickele aus seinen Erfahrungen während des Krieges zog:

Abschwur

Ich schwöre ab:
jegliche Gewalt,
jedweden Zwang,
und selbst den Zwang,
zu andern gut zu sein.
Ich weiss:

ich zwänge nur den Zwang.
Ich weiss:
das Schwert ist stärker,
als das Herz,
der Schlag dringt tiefer,
als die Hand,
Gewalt regiert,
was gut begann,
zum bösen.

Wie ich die Welt will,
muss ich selber erst
und ganz und ohne Schwere werden.
Ich muss ein Lichtstrahl werden,
ein klares Wasser
und die reinste Hand,
zu Gruss und Hilfe dargeboten.

Stern am Abend prüft den Tag,
Nacht wiegt mütterlich den Tag.
Stern am Morgen dankt der Nacht.
Tag strahlt.

Tag um Tag
sucht Strahl um Strahl,
Strahl an Strahl
wird Licht,
ein helles Wasser strebt zum andern,
weithin verzweigte Hände
schaffen still den Bund.[57]

Anmerkungen

1 Vgl. Raimund Meyer: Dada in Zürich, Frankfurt am Main 1990, S. 58.
2 Zitiert nach: Innenansicht eines Krieges. Deutsche Dokumente 1914–1918, hg. v. Johann Ernst, München 1973, S. 16.
3 Thomas Mann: Gedanken im Kriege, in: Die Neue Rundschau 25 (1914), Heft 11, S. 1471–1484.
4 Hugo Ball an Maria Hildebrand-Ball, München, 7. August [1914], in: ders.: Briefe 1911–1927, Einsiedeln 1957, S. 34 f.
5 Hugo Ball: Totenrede, in: Die weissen Blätter, Viertes Heft, 2. Jahrgang, April 1915, S. 527.
6 Ernst Stadler und seine Freundeskreise, hg. v. Nina Schneider, Hamburg 1993, S. 265.
7 Ebd., S. 228.
8 Ernst Stadler an René Schickele, Uccle, 24. April 1914, in: ebd., S. 229.
9 René Schickele: Thomas Mann, in: Die weissen Blätter, Siebentes Heft, 2. Jahrgang, Juli 1915, S. 925.
10 Romain Rolland: Zwischen den Völkern, Zürich 1954/55, S. 565.
11 Ebd., S. 561–564.
12 René Schickele an Ludwig Binswanger, Zürich, Höhenweg 20 III, rechts, am 1. März 1916, Nachlass Ludwig Binswanger 441/3448.
13 Kasimir Edschmid: Lebendiger Expressionismus, München 1961, S. 148.
14 Hans Richter: Dada Profile, Zürich 1961, S. 95 f.
15 Christian Schad: Zürich/Genf: Dada, in: Imprimatur III, Frankfurt am Main 1962, S. 217.
16 René Schickele: Der Mensch im Kampf, in: Die weissen Blätter, Viertes Heft, 3. Jahrgang, April 1916, S. 21.
17 Ebd., S. 23.
18 René Schickele: Zürcher Tagebuch, in: Die weissen Blätter, Viertes Heft, 3. Jahrgang, April 1916, S. 82.
19 Ebd., S. 83.
20 Ebd., S. 85.
21 Vgl. Horst Haase: Die Antikriegsliteratur in der Zeitschrift «Die weissen Blätter», Diss. Berlin (Ost) 1956 (Typoskript), S. 205. Haase gibt dort in Anm. 1 seine Quelle an: «Sächsisches Landeshauptarchiv Dresden, Akte Ministerium des Innern, Verbotene und beschlagnahmte Bücher, Zeitungen und sonstige Druckschriften (1916), S. 5.» Haase zufolge wurden noch weitere Hefte der *Weissen Blätter* verboten oder zumindest beanstandet, wofür er aber den Beweis schuldig bleibt.
22 Norbert Jacques: Mit Lust gelebt, Hamburg 1950, S. 305.
23 Leonhard Frank: Links wo das Herz ist, München 1952, S. 92.
24 Ebd., S. 93.
25 Ludwig Binswanger an Paul Häberlin, Kreuzlingen, 21. VI. 15, zitiert nach: Paul Häberlin – Ludwig Binswanger, Briefwechsel 1908–1960, Basel 1997, S. 137.
26 Leonhard Frank an Ernst Hardt, Kreuzlingen, den 10. 7. 15, zitiert nach: Jochen Meyer: Briefe an Ernst Hardt, Marbach 1975, S. 92.
27 Schad (wie Anm. 15), S. 217.

28 Vgl. Hugo Ball: Die Flucht aus der Zeit, Zürich 1992, S. 115: «Frank meint: Man muss arbeiten bis zur Gehirnhautentzündung, bis man vom Schreibtisch fällt. Bis einen Ekel und Abscheu vor der Arbeit erfüllen. Dann ist die Arbeit fertig. Flaubert hat das schon gesagt. Es ist der Sprachkünstler als Asket.»

29 Richter (wie Anm. 14), S. 41 f.

30 Hugo Ball, Magadino, Hotel Suisse, an August Hofmann, 26. Juni 1917: «In Zürich ist jetzt die ganze Literatur und man konstruiert einen sehr interessanten, wenn auch unfruchtbaren Gegensatz zwischen uns Aesthetikern (Hans Arp, Ball, Janco, Richard Huelsenbeck, Hennings und Tzara) und den um Rubiner versammelten Moralikern (Ehrenstein, Leonhard Frank, Strasser, Schickele usw.).» Zitiert nach: Ball (wie Anm. 4), S. 81 f.

31 Leonhard Frank: Der Kellner, in: Die weissen Blätter, 3. Jahrgang, Nr. 11, November 1916, S. 151.

32 Ebd., S. 158.

33 Ebd., S. 159.

34 Ebd., S. 149–159.

35 Leonhard Frank: Der Vater, in: Der Almanach der Neuen Jugend auf das Jahr 1917, S. 68–78.

36 Schickele machte seine Leser im Glossenteil der *Weissen Blätter* auf *Die Neue Jugend* aufmerksam. Vgl. Die weissen Blätter, 3. Jahrgang, Nr. 8, August 1916, S. 207.

37 Frank (wie Anm. 23), S. 99.

38 Tilla Durieux: Meine ersten neunzig Jahre, München 1971, S. 233 f.

39 Tilla Durieux schreibt in ihren Memoiren, die Idee, für die pazifistischen Titel einen Zweitverlag zu gründen, sei auf ihren Mann Paul Cassirer zurückgegangen. Dagegen spricht jedoch, dass Rascher schon im Dezember 1916 Schickele gegenüber diesbezügliche Absichten geäussert hatte, während sich Rascher und Cassirer erst später kennen lernten. Vgl. Durieux (wie Anm. 38), S. 263 f.

40 So wörtlich im Gründungsvertrag der Firma Max Rascher Verlag AG vom 16. November 1917, Ms Rascher 229, Zentralbibliothek Zürich, Handschriftenabteilung.

41 Die «Europäischen Bücher» und die «Europäische Bibliothek» werden oft verwechselt. Während Letztere von Schickele herausgegeben wurde, ist nicht ganz klar, wer für die «Europäischen Bücher» zuständig war. Schickele war, wie aus Tage- und Notizbucheintragungen hervorgeht, an der Auswahl der Titel beteiligt. Ob er aber, wie immer wieder behauptet wird, als Herausgeber die Reihe besorgte, lässt sich nicht mit Bestimmtheit feststellen.

42 Zu Latzko vgl. Helga Noe: Die literarische Kritik am Ersten Weltkrieg in der Zeitschrift «Die Weissen Blätter»: René Schickele, Annette Kolb, Max Brod, Andreas Latzko, Leonhard Frank, Diss. Zürich 1986, S. 172 f.

43 Einer anderen Quelle zufolge leistete er bereits im August 1914 Dienst als Reserveoffizier der k. u. k. Armee. Vgl. Janos Szabo: Nachwort, in: Andreas Latzko: Der Doppelpatriot, München, Budapest 1993, S. 226 f. Möglicherweise hat Latzko die «Münchner Variante» verbreitet, um sich als Kriegsgegner der ersten Stunde zu präsentieren.

44 René Schickele: Wir wollen nicht sterben!, in: ders.: Werke in drei Bänden, Bd. 3, Köln, Berlin 1959, S. 465.

45 Ebd., S. 102 f.

46 René Schickele an Ferruccio Busoni, Beatenberg, Chalet Rütli, 7. IX. 1917, Staats-
   bibliothek zu Berlin, Preussischer Kulturbesitz, Musikabteilung, Mus. ep. R.
   Schickele 4 (Busoni-Nachl. B II).

47 Ferruccio Busoni an Edith Andreae, undatiert [1923], zitiert nach: Briefe Busonis
   an Edith Andreae, hg. v. Andreas Briener, Zürich 1976, S. 42.

48 René Schickele: Busoni, in: Die weissen Blätter, Erstes Heft, 5. Jahrgang, Juli 1918,
   S. 59.

49 Annette Kolb: Ein Selbstportrait, zitiert nach: Ich habe etwas zu sagen. Annette
   Kolb 1870–1967, hg. v. Sigrid Bauschinger, München 1993, S. 93.

50 Annette Kolb: Blätter in den Wind, Frankfurt am Main 1954, S. 173.

51 Annette Kolb: Zarastro, Berlin 1921, o. S.

52 Ebd., S. 134 f.

53 Ebd., S. 139.

54 Ebd., S. 95.

55 Annette Kolb: Kleine Fanfare, Berlin 1930, S. 234.

56 René Schickele: Durch die Blume eines Privatbriefs, in: Die weissen Blätter, Erstes
   Heft, 6. Jahrgang, Januar 1919, S. 6.

57 René Schickele: Abschwur, in: Die weissen Blätter, Sechstes Heft, 6. Jahrgang, Juni
   1919, S. 288.

Thomas Mann im Zürcher Exil

Thomas Sprecher

Thomas Mann wurde 1875 geboren, als zweiter Sohn eines Kaufmanns und Senators der Freien und Hansestadt Lübeck. Seine Mutter Julia da Silva-Bruhns, «Tochter eines deutschen Plantagenbesitzers und einer portugiesisch-kreolischen Brasilianerin»,[1] hatte in Brasilien das Licht der Welt erblickt, buchstäblich im Urwald, und war mit sieben Jahren nach Deutschland verpflanzt worden. «Den ersten Schnee, den sie sah, hielt sie für Zucker.»[2] Ihre Söhne glaubten in der elterlichen Verbindung und Blutmischung den Grund dafür zu finden, dass nach mehreren Generationen von Kaufleuten bei den Manns auf einmal Künstler hervortraten. «Frage ich mich nach der erblichen Herkunft meiner Anlagen», schrieb Thomas Mann später, «so muss ich an Goethe's berühmtes Verschen denken und feststellen, dass auch ich ‹des Lebens ernstes Führen› vom Vater, die ‹Frohnatur› aber, das ist die künstlerisch-sinnliche Richtung und – im weitesten Sinne des Wortes – die ‹Lust zu fabulieren›, von der Mutter habe.»[3] Die Mutter erzählte Märchen, von Hans im Glück, der kleinen Seejungfrau, von Klumpe-Dumpe, der die Treppe hinunterfiel und doch die Prinzessin zur Frau gewann. Der «Ur-Einfalt des Märchens» hat der Sohn bis ins Alter die Treue gehalten. Seine Erzählungen sind immer auch Märchen, und sein Leben ist an Märchenhaftem nicht arm.

1894 zog Thomas Mann, seiner zur Witwe gewordenen Mutter folgend, nach München. Er trat bei einer Versicherungsgesellschaft ein und bald wieder aus und besuchte dann ziemlich unsystematisch Vorlesungen an der Technischen Hochschule. 1895–1898 hielt er sich, zusammen mit Heinrich Mann, mehrheitlich in Italien auf, in Palestrina und in Rom. Ende Oktober 1897 begann die Arbeit an *Buddenbrooks*. Am 13. August 1900 sandte der 25-jährige Autor das fertige Manuskript an den Verleger Samuel Fischer. Als dieser es annahm, ahnte er vermutlich erst, dass da einer mit seinem Erstlingsroman wundersamerweise gleich schon Weltliteratur geschaffen hatte.

Bis zum Ersten Weltkrieg sah Thomas Mann auf die Politik hinab. Sein Streben galt der Kunst, einer Kunst, die sich hoch und rein über der Politik hielt. Der Geistige handelte nicht, er lebte im Gleichnis, er verwirklichte sich im Werk, nicht im Praktischen. Er hielt Distanz zu jeder verunreinigenden Positivität, Distanz zur Politik, zu dem, was Thomas Mann ironisch in der Figur des «General Dr. von Staat» zusammenfasste, zur Gesellschaft, den Vielzuvielen, zur Dummheit und Bosheit der Natur, zum Leben in seiner profanen Tüchtigkeit. Als der Erste Weltkrieg verloren war, als Thomas Mann die *Betrachtungen eines Unpolitischen* abgeschlossen hatte, ja schon vorher wusste er, dass dieser hochmütige Ästhetizismus, dem nicht nur ein künstlerisches Programm, sondern auch Lebensängstlichkeit zugrunde lag, nicht mehr ging. Man konnte nicht seine Intellektualität bewahren, ohne Schaden an seiner Seele zu nehmen. Neben die Ästhetik trat eine Ethik, welche die Verachtung der gemeinen Realität nicht mehr zuliess. Die «macht-geschützte Innerlichkeit»[4] war vorbei.

Wer Thomas Manns Verhalten gegenüber dem Nationalsozialismus verstehen will, muss mindestens zum Ersten Weltkrieg zurückblicken. Mit dem Ersten Weltkrieg brach für Thomas Mann buchstäblich eine Welt, die Welt seiner Jugend, zusammen. 1918 war Heinrich Mann der Sieger, Thomas Mann lag falsch. Heinrich hatte sich für Demokratisierung eingesetzt, für alle jene Werte, welche die Französische Revolution vertreten hatte. Thomas, der unter Demokratisierung nur Nivellierung, Anonymisierung, Proletarisierung, Politisierung verstanden hatte, bekam 1919 auf Veranlassung deutschnationaler Kreise für die *Betrachtungen* den Ehrendoktor der Universität Bonn. Schon als er ihn entgegennahm, störte ihn diese Ehrung. Er wurde für ein Werk ausgezeichnet, das ein «Rückzugsgefecht» darstellte, während es nun darum ging, Zukunftsmöglichkeiten zu finden. In den erhaltenen Tagebüchern 1918–1921 lässt sich nachlesen, wie Thomas Mann sämtliche Positionen durchprobiert. Er experimentiert, wie Hans Castorp in seiner Davoser Balkonloge, mit allen Möglichkeiten des politischen Spektrums. Das geht von der Restaurierung der Monarchie über die Republik bis zum Bolschewismus und chiliastischen Kommunismus. Am 24. März 1919 zum Beispiel notiert er im Tagebuch: «Ich bin imstande, auf die Strasse zu laufen und zu schreien: ‹Nieder mit der westlichen Lügendemokratie! Hoch Deutschland und Russland! Hoch der Kommunismus!›»[5] (Man muss sich das vorstellen.) Wie Castorp legte sich aber auch Thomas Mann nirgends fest. Der Unterschied war, dass der Taugenichts Castorp sich das leisten konnte, der Schriftsteller nicht. Wollte er Repräsentant bleiben, so musste er Stellung beziehen, umso mehr, als der Rivale Gerhart Hauptmann dies längst schon tat. 1919 war Hauptmann als Kandidat für die Reichspräsidentschaft genannt worden. 1922 feierte er seinen 60. Geburtstag. Thomas Mann hatte die Festrede zu halten. Er nutzte sie für ein Bekenntnis zur Republik. Als Eideshelfer wählte er keine Aufklärer, sondern den Erzromantiker Novalis. Die Rede *Von deutscher Republik* ist denn auch ein gar merkwürdiges Dokument. Es zeigt eine recht laue und halbe Hinwendung zur Demokratie. Diese Staatsform war etwas, mit dem man sich abzufinden, zu versöhnen hatte.

Sie gewann aber mit dem heraufkommenden Nationalsozialismus an Bedeutung. Thomas Mann, der schon 1923 München als «die Stadt Hitlers» erkannt und bezeichnet hatte, hielt in den letzten Jahren der Weimarer Republik Vorträge, in denen er die Demokratie vor dem «orgiastisch naturkultischen, radikal humanitätsfeindlichen, rauschhaft dynamistischen» Charakter des «Neo-Nationalismus» in Schutz nahm. So 1930 in Berlin. 1932 hielt er eine *Rede vor Arbeitern in Wien*, 1933 gab er ein *Bekenntnis zum Sozialismus* ab. Er sprach von sich selbst, wenn er davon warnte, «auf die soziale, die politisch gesellschaftliche Sphäre nicht hochmütig herabzublicken». Er forderte den Schulterschluss von Sozialdemokratie und Kommunismus. Er hoffte noch auf ihn, als er schon nicht mehr in Deutschland lebte.

Die Reise, zu der Thomas und Katja Mann am 11. Februar 1933, ihrem Hochzeitstag, aufbrachen, führte in die Schweiz. Über Holland, Belgien und Frankreich, wo Thomas Mann seinen *Wagner*-Vortrag gehalten hatte, kamen sie am 25. Februar zur Winterfrische nach Arosa. Dort oben begann eine neue Epoche. 1933, das Jahr nach dem Jahr Goethes, wurde für ihn das *Jahr I*. Am 30. Januar war Hitler Reichskanzler geworden; am 27. Februar brannte der Reichstag. Die Reichstagswahlen vom 5. März brachten der NSDAP fast 44% der Stimmen. Was war los in Deutschland? Der veränderten Lage wurde Thomas Mann inne, nicht aber derer Konsequenzen. Würde man denn nicht zurückkehren können? In seiner grossen Unsicherheit wandte sich Thomas Mann von Arosa aus am 6. März an Karl Scharnagl, den Ersten Bürgermeister der

Landeshauptstadt München. Er gehörte der Bayerischen Volkspartei an und hatte bei der offizieller Feier von Thomas Manns 50. Geburtstag 1925 eine der Festreden gehalten:

«Sehr verehrter Herr Oberbürgermeister

Sie haben mir als Oberhaupt der Stadt, die ich meine Wahlheimat nennen darf, und als Mensch von jeher so viel Wohlwollen und Güte entgegengebracht, dass ich mir gewiss erlauben darf, Sie in diesem Augenblick um Ihren Rat als Politiker und Freund zu bitten. Der politisch so ernste und, besonders was Bayern betrifft, so verwirrende Ausgang der Wahlen, der nach Bayerns ganzer bisheriger Haltung gewissermassen eine Entscheidung dieses Landes gegen sich selbst bedeutet, hat gewiss nicht nur mich vollkommen überrascht und vor eine ganz neue und unerwartete Situation gestellt. Ich wäre Ihnen sehr dankbar, wenn Sie mir als ein Mann, der politisch viel klarer blickt als ich, in zweierlei Hinsichten Ihre offene Meinung sagen wollten. Erstens nämlich, wie Sie sich im Allgemeinen die politische Entwicklung in Bayern und namentlich München denken: ob Sie einen Fortgang des bisherigen, erfreulich massvollen Kurses für wahrscheinlich halten oder ob sie eine radikale Veränderung der Dinge, einen Wechsel in den entscheidenden Aemtern voraussehen. Ich frage dies, ganz offen gestanden, im Zusammenhang mit dem zweiten Punkt dieser Erkundigung, nämlich mit der Frage, ob Sie meinen und der Meinen Aufenthalt in München auch in Zukunft für möglich und ungefährdet halten oder nicht.

Sie wissen wohl, dass ich mich gegen die Heraufkunft der jetzt in Deutschland zu fast unumschränkter Macht gelangten politischen Richtung mehrfach öffentlich gewandt habe und bei den heutigen Machthabern schlecht angeschrieben bin. Ihre Presse, namentlich der ‹Völkische Beobachter›, hat darüber keinen Zweifel gelassen. Man fühlte sich bisher in München unter dem Schutz einer human-freiheitlichen, gesund-volkstümlichen politischen Gesinnung geborgen und durfte hoffen, auf diesem freundlichen Boden weiter leben und arbeiten zu können. Sie werden verstehen, dass die neuesten Nachrichten aus Deutschland, die mich hier im Ausland treffen, mich in dieser Zuversicht wankend gemacht und nach einem guten Rat, sei er warnend oder beruhigend, sehr begierig gemacht haben. Nur zufällig bin ich im Augenblick ausserhalb Deutschlands. Der Richard Wagner-Gedenktag hat mich hinausgeführt, nach Holland zunächst und Belgien, dann nach Paris. Ich hatte dort überall Vorträge über den deutschen Meister zu halten und beschliesse diese Reise, wie es von vorneherein vorgesehen war, zur Erholung hier in den Bergen. Nun stehe ich nicht nur vor der Frage, ob meines Bleibens in Bayern und Deutschland auf die Dauer noch sein wird, sondern auch, ob es nicht vielleicht gewagt wäre, überhaupt noch einmal nach München zurückzukehren; ob nicht dort etwa Erlebnisse auf mich warten könnten, denen man sich als nervöser nicht sehr widerstandsfähiger Mensch besser entzöge. Vielleicht sind solche Gedanken vollkommen übertrieben, und wie sehr muss ich wünschen, dass es so sei! Denn ich bin ein viel zu guter Deutscher und mit den kulturellen Ueberlieferungen und der Sprache meines Landes viel zu fest verbunden, als dass nicht die Notwendigkeit eines Exils etwas ausserordentlich Schmerzliches und Verhängnisvolles für mich bedeuten müsste.

In diesem Sinne also, sehr verehrter Herr Oberbürgermeister, bitte ich Sie, zugleich auch im Namen meiner Frau, um Ihre Meinungsäusserung und Ihren freundschaftlichen Rat und wäre Ihnen für möglichst baldige Antwort ganz besonders verbunden. Ich brauche nicht zu sagen, dass ich diese Zeilen für mein Teil im persönlichsten Vertrauen an Sie richte und selbstverständlich auch Ihre Antwort, wie sie immer lauten möge, als durchaus vertraulich behandeln werde.

In alter Wertschätzung, mit den besten Empfehlungen

Ihr sehr ergebener Thomas Mann»

Scharnagl antwortete am 9. März:

«Sehr geehrter Herr Doktor!

Ihr gefl. Schreiben vom 6. ds. Mts. habe ich erhalten und mit grossem Interesse davon Kenntnis genommen. Es ist mir bekannt, dass Sie in dankenswerter Weise wieder die Aufgabe auf sich genommen haben, die grosse Bedeutung Richard Wagners in den angesehensten Kulturkreisen des Auslandes zu würdigen.

Ihre Besorgnisse über die künftige Entwicklung in Deutschland verstehe ich völlig. Sie haben ganz richtig die grosse Bedeutung des Ausganges der Wahl in Bayern dargestellt und gewürdigt, wesentlich überrascht von diesem Ausbruch einer Gesinnung, für die wir bei unserer bayerischen Bevölkerung keinerlei Raum vermutet hätten. Wir sind jedoch der Meinung, dass diese Gesinnung, die zur Abgabe nationalsozialistischer

Stimmen in ganz Bayern geführt hat, nicht gleichzustellen ist mit der
Gesinnung der nationalsozialistischen Kreise, die augenblicklich in Berlin führend sind und die die Gestaltung der Verhältnisse in Deutschland
in diesen Tagen zu verantworten haben. Diese mangelnde Übereinstim-
mung in den Intentionen bedeutet freilich für den Augenblick nicht viel.
Die Tatsache des zahlenmässigen Übergewichts der nationalsozialistischen Stimmen in Bayern gibt den Anschein einer Berechtigung, die
Führung der Politik in Bayern zu fordern. Dieser Anschein ist trotz der
zweifellos bestehenden inneren Schwäche der grossen Wählerzahl so
stark, dass man sich seiner Auswirkung nicht entziehen kann, will man
nicht schlimme Folgen heraufbeschwören. Es wird also zweifellos die
Führung der bayerischen Politik augenblicklich in andere Hände überge-
hen müssen. Wie nun die neue Führung auftritt, ob sie mehr nach der
radikalen oder mehr nach der gemässigten Seite hinneigen wird, lässt sich
augenblicklich nicht feststellen. Es wird auf jeden Fall Aufgabe meiner
Freunde sein, ähnlich wie im Jahre 1919 im Interesse der gesamten
Entwicklung von Volk und Land mit massvollen Leuten der Revolution
gearbeitet wurde, auch jetzt wieder die Zusammenarbeit mit massvollen
Männern der neuen Revolution nicht abzulehnen. Ob es dabei gelingt,
die radikaleren Strömungen, die sich im Norden sehr stark breit machen,
auszuschalten, ist wie gesagt noch nicht abzusehen. Ich möchte annehmen, dass es bis zu einem gewissen Umfang möglich sein wird[,] eine
solche Mässigung der neuen Bewegung herbeizuführen. Gelingt dies, so
kann man darauf rechnen, dass im Verlauf von 1–2 Jahren die ganze
Revolutionswelle des Nationalsozialismus wieder abgefangen und die
Verhältnisse in Bayern wieder in die Bahnen einer gedeihlichen Entwicklung gebracht werden. Voraussetzung hiefür müsste sein, dass die vielen
gut gesinnten Kreise im Nationalsozialismus, die besonnen sind und
nüchtern zu urteilen vermögen, die Oberhand gewinnen und behalten,
dass durch wirtschaftliche Massnahmen und durch eine Besserung der
Wirtschaftslage eine teilweise Überwindung der Not sich ergibt und dass
unverbesserliche radikale Elemente der Bewegung wieder dorthin
abfliessen, wo sie hingehören, zum Kommunismus. Eine Folge wird sich
freilich ergeben und wird wohl zum mindesten für längere Zeit bleiben,
d. i. eine Loslösung vom Sozialismus. Der Sozialismus hat aber auch in
Norddeutschland besonders in personeller Beziehung so schwere Fehler
begangen, dass die nationalsozialistische Bewegung fast als eine Art

Reaktion aufzufassen ist. Ich verhehle nicht, dass mir auch in wichtigen nationalen Fragen die Stellungnahme des Sozialismus oft als eine grosse Hinderung für eine starke deutsche Politik erschien. Alles in allem gesehen möchte ich annehmen, dass sich nach einigen Wochen voll bedenklicher Spannung in Bayern eine Basis für ein Zusammenarbeiten finden lässt, die gegen die radikalere Strömung im Nationalsozialismus einen Schutz zu bieten vermag. Im weiteren Verlauf nehme ich an, dass die gegenwärtige Welle des Nationalsozialismus sich wieder zurückbildet zu Gunsten einer nationalgesinnten, sozialistenfreien, bürgerlichen Mehrheitsbildung.

Ich verstehe die Besorgnisse, die Sie hinsichtlich Ihrer Person hegen. Gewiss werden die Tage der hohen Spannung, von denen ich gesprochen habe, eine Belastungsprobe für die Nerven bringen. Ich glaube aber nicht, dass sich bei Ihrer vornehmen Zurückhaltung, die Ihnen ja sehr liegt, grosse Reibungen ergeben, die für Sie Unannehmlichkeiten zur Folge haben können.

Sollte sich in einigen Wochen ein besserer Überblick ergeben, so bin ich gern bereit, wenn Sie das wünschen, nochmals meine Auffassung darzulegen.

Ich erlaube mir bei dieser Gelegenheit Ihnen und Ihrer verehrten Frau Gemahlin anlässlich Ihres Aufenthaltes in der schönen Schweiz alles Gute zu wünschen.

Ich begrüsse Sie und verbleibe
in ausgezeichneter Hochachtung
Ihr ergebenster
K. Scharnagl
Oberbürgermeister.»

Die Antwort Scharnagls (der von den Nazis wenig später abgesetzt wurde) legte also nicht unbedingt eine sofortige Rückkehr nahe. Die Warnungen anderer um Rat gebetener Vertrauensleute und der älteren Kinder waren noch deutlicher.[6] Klaus und Erika Mann, von der Lenzerheide ins Elternhaus zurückgefahren, riefen von dort in Arosa an. Sie bedienten sich dabei einer diskreten Ausdrucksweise, denn: «Es war möglich oder sogar wahrscheinlich, dass unsere Telephongespräche abgehört wurden. Wir hüteten uns also, auf die politische Lage direkt anzuspielen, sondern sprachen vom Wetter. Dieses sei miserabel in München und Umgebung, behaupteten wir; die Eltern würden klug

daran tun, noch eine Weile fernzubleiben. Leider zeigte unser Vater sich abgeneigt, auf diese Art der Argumentation einzugehen. So schlimm werde es wohl nicht sein mit den Frühlingsstürmen, meinte er, und übrigens sähe es auch in Arosa nach Regen aus. Ein Hinweis auf die Zustände in unserem Hause (‹Es wird gestöbert! Scheussliches Durcheinander!›) schien ebensowenig Eindruck auf ihn zu machen. Er blieb störrisch, wollte nicht verstehen: ‹Die Unordnung stört mich nicht. Ich will nach Haus. Wir reisen übermorgen.› – ‹Es geht nicht, du darfst nicht kommen.› Schliesslich sprachen wir es aus, mit verzweifelter Direktheit. ‹Bleibe in der Schweiz! Du wärst hier nicht sicher.› Da hatte er verstanden.»[7]
Die auf den ersten Blick kaum glaubliche Begriffsstutzigkeit, die der Abenteurer des Geistes an den Tag legte, ist in ihrer schlimmen Komik erschütternd. Das Nicht-verstehen-Können aber, das ein Nicht-verstehen-*Wollen* war, ist zentral für die Analyse seiner Einstellung zum Exil.

In der Ungewissheit der ersten Tage schrieb Thomas Mann einem Bekannten (7. März 1933 an Karl Loewenstein): «Was ein längeres, vielleicht lebenslängliches Exil für mich, den Siebenundfünfzigjährigen, den mit den Kulturüberlieferungen und der Sprache seines Landes tief verbundenen Schriftsteller, bedeuten würde, brauche ich Ihnen nicht auszuführen: etwas sehr Ernstes, innerlich und äusserlich genommen.» Dass ihm, gerade ihm je das Los des Emigranten zufallen könnte, das hatte er sich nicht träumen lassen. Alles in ihm sträubte sich, die neuen Realitäten zu akzeptieren. Sie liessen und liessen sich mit der Vorstellung von seiner Existenz nicht verbinden. Es stimmte nicht, es passte nicht, es ging nicht zusammen, die Lage war falsch. «Die innere Ablehnung des Märtyrertums», notierte er im Tagebuch, «die Empfindung seiner persönlichen Unzukömmlichkeit kehrt immer wieder […] – Dass ich aus dieser Existenz hinausgedrängt worden, ist ein schwerer Stil- und Schicksalsfehler meines Lebens, mit dem ich, wie es scheint, umsonst fertig zu werden suche, und die Unmöglichkeit seiner Berichtigung und Wiederherstellung, die sich immer wieder aufdrängt, das Ergebnis jeder Prüfung ist, frisst mir am Herzen.»[8]
Dass Thomas Mann nicht Märtyrer sein konnte, verstärkte paradoxerweise das Martyrium. Wer sich als Repräsentant des deutschen Geistes betrachtete, musste sich im Exil als absolut unzugehörig, an schreiend

falschem Platz empfinden. Von daher ist auch seine Qual durch die
«Zweifel an der Lebensrichtigkeit meiner Entschlüsse»[9] zu sehen. Da
die Lage nicht grundsätzlich berichtigt werden konnte, ergab sich die
«Unmöglichkeit richtigen Verhaltens»,[10] war alles Handeln falsch, ein
Handeln im Falschen; Handeln bedeutete Affirmation des Falschen. Das
prinzipiell einzig adäquate Handeln war das Nichthandeln – worauf
Thomas Manns Zaudern und Zögern hinauslief.

Die Tagebücher, die ab dem 15. März 1933 vorliegen, halten die starken
Wörter bereit, zu denen greifen muss, wer Thomas Manns psychische
Verfassung, die Verstörung zu Beginn des Exils beschreiben will. Von
«krankhaftem Grauen», «überreizten und ermüdeten Nerven», «angst-
haft gesteigerter Wehmut», «Nervosität, Unsicherheit und Sorge» ist im
ersten Notat schon gleich die Rede, später dann etwas von «schreckli-
cher Excitation, Ratlosigkeit, Muskelzittern, fast Schüttelfrost u. Furcht,
die vernünftige Besinnung zu verlieren»,[11] von «Angstanfällen»,[12] von
«quälenden, tief niedergedrückten und hoffnungslosen Zuständen,
schwer zu ertragen, eine Art seelische Wurzelhautentzündung».[13]

Der Körper machte die Krise mit. Wer Thomas Mann sah, fand ihn
angegriffen, abgemagert, krank und gealtert. Täglich setzten die öffentlichen Dinge der Gesundheit zu. Appetit- und Schlaflosigkeit plagten.
Das «Gefühl des Alters und der Todesnähe»[14] kam immer wieder hoch.
«Berichtigung und Wiederherstellung» waren ausgeschlossen; nicht
aber, das Exil zu ignorieren, es zu negieren oder wegzustatuieren.
Thomas Mann schrieb das Wort «Exil» noch nach Jahren in Anfüh-
rungszeichen. Der Weihnachtsabend 1935 war der dritte, rechnete er
sich vor, «den wir im ‹Exil› verbringen – welches mich eigentlich völlig
gleichgültig lässt, da ich nur meine Möbel, Lüster, Bücher entbehre, aber
auch diese nicht sehr, und ich das Vaterland viel lieber nicht um mich
habe. Im Übrigen fehlt mir nichts, was ich brauche, um mein Leben und
Werk zu Ende zu führen.»[15] Der Wohnort, liess er seinen ehemaligen
Freund, den Nazimitläufer Ernst Bertram, wissen (18. Januar 1935 und
14. Juni 1935 an Ernst Bertram), spiele eine geringe Rolle «für jemanden,
der von jeher gewohnt ist, ganz für eine eigensinnig-anspruchsvolle
Aufgabe zu leben und zu sorgen». Wenn man aus Lübeck komme,
mache es keinen grossen Unterschied, ob man in München oder Zürich
– später fügte er an: oder Princeton – lebe; dieses sei «keine tiefere
Fremde als jenes». Schon München hatte also für den Nordländer etwas

von einem Exil an sich gehabt; das Leben in Zürich mochte ein Exilleben sein, jedenfalls aber hatte sich im Vergleich zu München nicht viel geändert. Das versuchte Thomas Mann nicht nur Dritten, sondern auch sich selbst beizubringen. Der Zürcher Aufenthalt, notierte er am 11. Oktober 1933 im Tagebuch, sei ihm «durchaus Rückkehr ins Gewohnte». Er habe den Eindruck, dass sich der Charakter seines Lebens eigentlich nicht geändert habe.

Das Ignorieren des Exils kann als eine irrationale Reaktion auf die Einsicht der Unmöglichkeit verstanden werden, es faktisch aus der Welt zu schaffen. Auch auf der Basis dieser Einsicht, aber weniger radikal, gewissermassen vernünftiger, waren Versuche, das Unglück, wenn es denn hingenommen werden musste, zu bagatellisieren, seine Bedeutung herunterzuspielen oder, einen Schritt weiter, aus ihm sogar ein Glück zu schlagen, das Exil als Chance zu begreifen. Das Positive, das Thomas Mann als indirektes Resultat der Katastrophe erhoffte, sollte dem Schreiben, seinem Lebenszweck, zugute kommen. Er erwartete eine Weitung der Sicht, fruchtbare neue Erfahrungen, «belebende und steigernde Wirkungen auf mein Künstlertum durch die gewaltsame Befreiung aus der deutschen Misere und die Verpflanzung ins Europäische».[16] Er glaubte dies dann auch konstatieren zu dürfen.

Das Unglück zu verkleinern, indem man es neben ein – möglicherweise – noch grösseres Unglück stellt, ihm gar ein Glück abzulisten, das kann als Bestandteil eines kompliziert-langwierigen Prozesses nicht des Sichabfindens als vielmehr des *Umwertens* begriffen werden. Dieser Prozess ging darüber hinaus, den Begriff des Exils zu entschärfen, ihm seine Gnadenlosigkeit zu nehmen. Umgewertet werden musste so weit, bis Thomas Mann dazu fand, zu *begrüssen,* was das Schicksal mit ihm angestellt hatte; bis er es zusammenbringen konnte, Thomas Mann und gleichzeitig Emigrant zu sein. Die politischen Ereignisse erfuhren eine Interpretation von radikaler Subjektivität, zugeschnitten auf die Unveränderbarkeit des Ich, das heisst die Bruchlosigkeit seiner Lebensgeschichte, seiner Identität. Mochte eine Welt untergehn – was zählte, war das eigene Bleiben. «Das Allgemeine ist nicht zu enträtseln», lautet ein Notat vom 30. Mai 1933, «es ist fast besser nur nach dem eigenen individuellen Schicksal zu fragen, dessen Grundcharakter sich wohl irgendwie durchsetzen wird.» Dass das Ich in seinen Grundfesten unverändert sich behaupten musste, war das Apriori jeder Lageanalyse.

«Die Zukunft ist ungewiss, wie sie es im Grunde immer ist», lautet eine
weitere Notiz, «und nur darauf darf ich wohl mit einer Art von
natürlicher Sicherheit rechnen, dass der bei aller Schwierigkeit glückliche Grundcharakter meines Lebens sich auch unter Umständen durchsetzen wird, die mir anfangs den Atem nahmen.»[17]
Thomas Mann hat sich immer als Glückskind verstanden. In seinem
Lebenslauf von 1936 schrieb er, was sein Leben betreffe, so komme viel
Glück und Gunst darin vor, «ja, seine Gesamttendenz ist glücklich zu
nennen, mögen sich auch ernste Hemmungen und Erschwierigungen
unter seinen Voraussetzungen befinden».[18] Er bewundere, heisst es in
einem späteren Brief (7. Oktober 1941 an Agnes E. Meyer), «oft ganz
sachlich, rein als Phänomen, wie ein freundlich intentioniertes Individu-
elles sich auch gegen die widrigsten Umstände durchzusetzen und für
sich das Beste daraus zu machen weiss». In dem wiederholten Rekurs
auf die Glückhaftigkeit und damit Überlebensfähigkeit steckt ein Moment praktizierten Gottesgnadentums. Mein Schicksal, davon geht
dieser Glaube aus, *macht keine Fehler.* Wenn ich, Thomas Mann,
Emigrant geworden bin, dann muss das so richtig sein. Dann war die
neue Existenz die einzig mögliche Form der Fortsetzung der alten; nicht
auch, sondern *nur* als Emigrant liess sich diese, liess sich das Reprä-
sentantentum in Goethes Geiste fortführen. Am deutlichsten und
selbstsichersten hat Thomas Mann den Gedanken der Fehlerlosigkeit
seines Schicksals in einem Brief von 1941 ausgesprochen (20. Juli 1941
an C. Seelig): «Mein Schicksal ist das richtige, und wie die Dinge nun
einmal liegen, kann ich mir ein anderes weder wünschen noch vorstellen.»

Im Praktischen konzentrierte sich für ihn die Frage des Exils vornehm-
lich auf die Frage der Niederlassung. Was er nämlich schlecht vertrug,
das war das In-den-Tag-hinein-Leben, die Verworrenheit, den Improvi-
sationsbedarf von Übergangszuständen. Dem Aufenthalt in Arosa
folgten solche und andere mehr auf der Lenzerheide und in Locarno, ein
enervierendes Hoteldasein, leidig produktionswidrige Provisorien, von
denen aus man sich nach einem dauernden Wohnsitz umsah. Orte, über
die beraten wurde: Innsbruck, Zürich, Locarno, Strassburg, Wien, Prag.
Anfang April trat Basel in den Vordergrund. Der Versuch aber, dort
einen passenden Wohnsitz zu finden, schlug fehl. Ausserdem wurde

Thomas Mann «dringend vor Basel wegen der Nähe der Grenze u. der nat. soz. Propaganda u. Beeinflussung»[19] gewarnt.

Kam aber Südfrankreich, wohin man von Basel aus fuhr, für eine endgültige Niederlassung in Frage? Das grösste Handicap dieser Gegend war ihre Fremdsprachigkeit. Thomas Mann sprach, im Gegensatz zu seiner Frau, bei der es in allen Sprachen sprudelte, ein nicht durchaus konversationsfestes Französisch, und wenn er es auch etwas besser verstand, fühlte er sich doch, wie immer im Ausserdeutschen, «oft demütigend behindert von der fremden Sprache».[20] Aber nicht nur die Sprache, die ganze Sphäre des Südens war dem Nordländer, bei all ihren Vorteilen, «fremd».

Zürich hielt sich die ganze Zeit in der Diskussion. Erika übernahm das Geschäft, dort eine adäquate Unterkunft zu suchen. Anfang September unterrichteten Telegramm und Brief, ein sehr schönes Haus in Küsnacht sei zu billigem Preis gefunden. Ein komfortables Haus war das Wichtigste unter dem vielen, das zusammenkommen musste, um ein hinreichendes, für die literarische Produktion auf Dauer unabdingbares Ersatzmilieu zu bilden. Die Rolle, die das Haus in Thomas Manns psychischem und schriftstellerischem Haushalt spielt, kann gar nicht überschätzt werden. Aus diesem Grunde war es von Bedeutung, dass die Küsnachter Baulichkeit, von der ersten Schweizer Architektin Lux Guyer im englischen Landhausstil erstellt, ein halbes Dutzend Toiletten und, wie Erika gleich gemeldet hatte, vier Badezimmer besass. Das war Thomas Mann wichtig; es diente der Körperpflege, also dem Wohlbehagen, also der Arbeit, der Literatur.

Ein Glück war auch, dass das kostbare Münchner Meublement nicht ganz in fremde Hände fiel. In seinen besten Stücken traf es Ende November, über kriegslistig eingerichtete Kanäle und Deckadressen, in Küsnacht ein. Auch vieles an Hausrat liess sich retten, darunter Kostbarkeiten aus dem Lübecker Familienbesitz. Der Antransport dieser Dinge war nicht von euphorischen Gefühlen umflort; es war wohl ein Glück – wie vielen gelang es, mit Silber, Porzellan und seidenen Steppdecken zu emigrieren? –, aber ein Glück nur im Unglück, anstrengend und erschütternd. Nachdem Thomas Mann zum ersten Mal wieder unter seiner purpurnen Steppdecke geschlafen hatte, notierte er: «Sie macht mir die Nimmer-Rückkehr als definitive Wirklichkeit aufs neue und mit neuem Lebensschrecken unbegreiflich-begreiflich.»[21]

Zu den geretteten Möbeln gehörte auch der legendäre Chippendale-Schreibtisch Thomas Manns. Der Schreibtisch, der heute im Zürcher Thomas-Mann-Archiv imponiert, verdient eingehendere Betrachtung. Wie er nämlich Küsnacht erreicht hatte, gelangte er später auch nach Amerika, nach Princeton und von dort nach Kalifornien, und 1952 über alle ozeanische Unendlichkeit wieder zurück in die Schweiz. Der Schreibtisch war Symbol für das Überleben, das Siegen also, und als solches Grund zu tiefster Genugtuung. In einem Brief Thomas Manns von 1938 heisst es (19. Oktober 1938 an Erich von Kahler), so wie der Schreibtisch dastehe, so sei er selbst «entschlossen, mein Leben und Treiben mit grösster Beharrlichkeit genau fortzusetzen wie eh und je, unalteriert von Ereignissen, die mich schädigen, aber nicht beirren und demütigen können». Der Schreibtisch avancierte zum Symbol der Lebens- und Schaffenseinheit, der Beständigkeit, Festigkeit, Unbeirrbarkeit, ja einer letzten triumphalen Unberührbarkeit.

Die Angst, die Thomas Mann in Basel einmal zu Tränen gerührt hatte, das dunkle Grauen vor einer proletarisierten, «deklassierten» Existenz, sie kehrte sich um in ihr Gegenteil, wenn er seinen Gästen zuhanden der Zurück- und Drinnengebliebenen zeigen konnte, demonstrieren durfte, dass es ihm gut ging, dass seine Existenz nicht, wie Schadenfreude drüben vermeinte, bedrückt und degradiert, nicht «exilmässig» war.[22] Von seinem Haus in Kalifornien, das er sich 1941/42 bauen liess, sagte er, es werde seiner Lage nach das schönste Haus sein, das sie je besessen hätten, und fügte hinzu: «ich wollte, Dr. Goebbels könnte es sehen» (19. August 1941 an Georg Martin Richter).

Der Wille, es sich auch im Exil gut gehen zu lassen, begründete keine Phäakenexistenz. Dieser Wille war – wie es schon der ihm zugrunde liegende, physisch zu überleben – ein Agent des Widerstands. Wohlstand im Exil, das bedeutete implizite Standhaftigkeit, Kampfbereitschaft, Aufsässigkeit gegen die Effekte der Abnützung und Aushöhlung. «Es ist ja so, dass alles, was Glück und Wohlfahrt heisst, dem Nazitum sofort schweren Abbruch tut», schrieb Thomas Mann in einem Brief (31. Oktober 1935 an René Schickele). «Nacht muss es sein, wo Hitlers Sterne strahlen.» Den Triumph seines Schlechtergehens und Untergangs wollte Thomas Mann seinen Feinden aber nicht gönnen. Als ihm 1939 die Nachricht eines Naziblattes zu Ohren kam, er sei nun schon ganz heruntergekommen und treibe sich halb verhungert in Pariser Cafés

umher, kommentierte er (7. November 1939 an Gottfried Bermann
Fischer): «Ein Wunschtraum, noch nicht so recht erfüllt.» Später sollen
Nazizeitungen verkündet haben, Thomas Mann sitze in einem englischen Konzentrationslager, und Goebbels, nach dem Fall Frankreichs,
sogar seinen Tod.[23] Solche verfrühten Nekrologe muss Thomas Mann
mit gemischten Gefühlen aufgenommen haben: mit einem Schaudern
darüber, wie es hätte kommen können; und mit der Genugtuung, dass es
dazu nicht gekommen war.

Zum psychologisch und politisch Interessantesten im Schweizer Exil
Thomas Manns gehört, dass er bis 1936, also drei Jahre lang, zu den
Vorgängen in Deutschland schwieg. Drei Jahre lang irrte er zwischen der
Praxis seines öffentlichen Schweigens und dem Willen, es zu brechen. Er
sah sich in einen Konflikt verschiedener Pflichten gespannt. Durfte man,
wo ein Politikum geboten war, *Allotria* treiben, ein Musenschmuser
bleiben, «unverantwortlich kegelspielendes Sonntagskind der Kunst»?
(17. Februar 1941 an F. Kaufmann) Durfte man den Kopf in den Sand der
literarischen Arbeit stecken? «Heute ‹dichten› wollen», so mahnte lako-
nisch Alfred Döblin in einem Brief an Thomas Mann vom Mai 1935,[24]
«heute ‹dichten› wollen heisst kneifen.» Andererseits würde die Arbeit an
einem Politikum auf längere Zeit von jeder Literatur abziehen. Seine
eigentliche Aufgabe sah Thomas Mann aber in der Phantasie, der Fiktion.
Es gab auch eine Flucht *aus* der Arbeit, den Verrat an der Kunst, und
Katja Mann hatte tatsächlich den Verdacht ihres Gatten abzuweisen, «der
Übergang zu einer politisch-konfessionellen Arbeit sei eine Desertion
von der künstlerischen Aufgabe, deren ich überdrüssig oder die mir zu
schwer».[25]
Sodann liess sich (kultur)politisch argumentieren: Die Aufgabe der
Exilschriftsteller bestand nicht nur – negativ – im Kampf gegen Hitler,
es galt – positiv – auch, die deutsche Kultur zu bewahren, und das
bedeutete: nicht zu verstummen, Literatur hervorzubringen. Dies
wiederum war auch eine Form des Widerstands, allerdings nur, sofern
die Exilliteratur auf bisheriger Höhe gehalten werden konnte. Ihre
Qualität bekam für Thomas Mann eine ausserliterarische, politische
Funktion, sie sollte Waffe sein gegen den Blut-und-Boden-Schund. «Sie
und ich und mein Bruder», heisst es in einem Brief Thomas Manns an
René Schickele, «müssen unsere Sache sehr gut machen, damit man

einmal sagt, wir seien in dieser Zeit das eigentliche Deutschland gewesen.»

Ein weiterer Grund für Thomas Manns politische Zurückhaltung – es stellte dies seine Hauptbegründung dar – war der Wunsch, seine Bücher weiterhin in Deutschland erscheinen lassen zu können. Er befürchtete ihr sofortiges Verbot, würde er in seinen Äusserungen deutlicher. Dabei ging es ihm nicht primär um kommerzielle Erwägungen: Es ging vielmehr um die Offenhaltung der Möglichkeit literarischer Wirkung. Thomas Mann wollte sich – darin übrigens «bestärkt» durch seine Schweizer Bekannten[26] – von seinem deutschen Publikum nicht trennen lassen. Seine Bücher, meinte er, seien nicht für Prag und New York, sondern «für Deutsche geschrieben, für solche zuerst und ursprünglich».[27] Im Oktober 1933 erschienen in Deutschland *Die Geschichten Jaakobs,* im März 1934 der *Junge Joseph,* der erste und zweite Band der biblischen Tetralogie. Sie standen zwar nicht auf dem Index, konnten allerdings auch nicht völlig frei verkauft werden. Sie durften nicht in Auslagen ausgestellt, ja nicht einmal von den Verkäufern der Verlagsanstalten offeriert werden, und fanden Absatz nur als UT-, als unter dem Ladentisch verkaufte Ware.

Dies führt uns zu den finanziellen Aspekten des Exils. Das Geld oder vielmehr der Mangel an solchem war ja ein Hauptproblem der Emigration. Thomas Mann stellt auch hier eine Ausnahme dar, obwohl er seines Vermögens in Deutschland beraubt wurde. Der enteignende Zugriff der Nazis geschah nicht mit einem Schlag und in definitiver Weise, sondern in Raten. Zum Teil ist dies erklärbar dadurch, dass die rivalisierenden, nicht monolithisch ausgerichteten Organisationen des Naziregimes – die Gestapo auf der einen Seite, das Auswärtige Amt, das Propagandaministerium und das Innenministerium auf der andern – uneinig darüber waren, was mit Thomas Mann «geschehen» solle. Als erstes beschlagnahmte die Politische Polizei die drei Autos der Familie, später das Haus mitsamt Einrichtung. Im April 1933 waren Überweisungen aus München noch möglich gewesen; im Laufe des Mai musste Thomas Mann erfahren, dass sein Geld bei Münchner Bankhäusern nicht nur – wegen angeblichen Verdachts auf Kapitalflucht – gesperrt, sondern konfisziert war. Es handelte sich um Guthaben von etwa 40'000 Reichsmark. Sie und die Wertpapiere in der Höhe von etwa 100'000 Reichsmark gingen

Küsnacht auf der Terasse (von links): Thomas Mann, Elisabeth, Katja, Monika, Michael.

Bei Emil Oprecht, Zürich 13. September 1938. (Photograph: Emil Berna, Zürich)

Thomas Mann, Locarno 1937. (Photograph: E. Steinmann, Locarno. Alle Photos: Thomas-Mann-Archiv, Zürich)

wahrscheinlich in der so genannten Reichsfluchtsteuer auf, die Thomas Mann im November 1933 erlegte. Der Verlust beschränkte sich nicht auf das in Deutschland liegende Vermögen; auch die deutschen Goldpfandbriefe, die man in der Schweiz deponiert hatte, konnten Mitte Juni 1933 nur mit 60% Einschlag veräussert werden.

Dass Thomas Mann nicht *allen* Besitz aus München werde herüberretten können, war ihm bald klar. Es ging nur mehr um Schadensbegrenzung. Herausgeschafft werden konnten 60'000 Reichsmark; Golo Mann gelang es, Anfang Mai 1933, also gerade noch rechtzeitig, 600 Hundertmarkscheine abzuheben. Über die französische Botschaft in Berlin gelangte der Betrag nach Paris und von dort in die Schweiz. Zugute kam Thomas Mann, dass er schon seit langen Jahren Konten bei Schweizer Banken besass, so bei der Rhätischen Bank und der Graubündner Kantonalbank in Arosa. Im Juni 1933 belief sich das verbliebene Vermögen auf rund 200'000 Schweizer Franken. Es gelang in den Jahren danach, diesen Stand zu halten.

Dass sein Albtraum, wegen Geldmangels nicht standesgemäss leben zu können, sich nicht verwirklichte, machte Thomas Mann keineswegs hochmütig und blind vor den materiellen Nöten der anderen Emigranten. «Da unterdessen die Mittel der Flüchtlinge zu Ende gegangen sind», schrieb er am 26. Oktober 1935 an Otto Basler, «auch bei dem allgemeinen Charakterverderb durch die Krise der Verängstigung und mitleidlosen Engherzigkeit, die sie überall, auch in der Schweiz, zur Folge hat, ihnen so gut wie jede Erwerbstätigkeit abgeschnitten ist, so müssen sie schneller oder langsamer zugrunde gehen». Thomas Mann war nicht erst in den USA einer der grossen Helfer. Wenn auch natürlich noch in geringerem Umfang, gab er doch schon in der Schweiz und von der Schweiz aus Unterstützung, versuchte, anderen Emigranten Beschäftigung zu verschaffen, bemühte sich um verlegerische Unterkunft ihrer Manuskripte. Hinzu kamen direkte finanzielle Hilfeleistungen.

Die «quälendste Sorge im Exil» waren, «wenn es nicht unmittelbar ums Leben ging», die Passverhältnisse.[28] Thomas Manns letzter deutscher Pass, ausgestellt von der Polizeidirektion München, verfiel am 3. April 1933 – gleich zu Beginn des Exils also, das Datum hätte nicht ungünstiger zu liegen kommen können. Was war zu tun? Als erstes hatte Thomas Mann versucht, in München rechtzeitig eine Passverlängerung zu erwirken. Sie wurde aber verweigert mit dem Hinweis, er müsse nach Deutschland zurückkehren, um dort persönlich die Verlängerung zu beantragen. Befürchtungen, in eine Falle zu laufen, liessen ihn jedoch davon Abstand nehmen. Zum Glück, denn die Falle war gestellt! Auf dem Antragsformular Thomas Manns vom 20. März ist der Vermerk eingefügt: «Der Antragsteller ist bei Abholung des Passes sogleich der Abt. VI vorzuführen.» Abteilung VI aber war die Kurzbezeichnung für die Bayerische Politische Polizei. Das Beharren auf dem persönlichen Erscheinen, von dem in der Folge nicht mehr abgesehen wurde, verfolgte also das Ziel, des missliebigen Mannes habhaft zu werden.
Am 9. Oktober 1933 meldete Thomas Mann sich und seine Familie in der Küsnachter Gemeinderatskanzlei an. Die Fremdenpolizei des Kantons Zürich gewährte in der Folge eine Toleranzbewilligung bis zum 31. Oktober 1934. Unter dem Rubrum «Zweck» wurde aufgeführt: «Wohnsitznahme in der Gemeinde Küsnacht, Betätigung als freier Schriftsteller beziehungsweise Verbleib beim Gatten.» Anderweitige Erwerbstätigkeit, Selbständigmachung und Berufswechsel ohne Bewilligung der unterzeichneten Amtsstelle – so der Text des Stempels –

blieben verboten. Handschriftlich wurde am Rand mit roter Tinte beigefügt: «Ehefrau: Jede Erwerbstätigkeit verboten.» Diese Toleranz-bewilligung wurde später erneuert.

Auch die weiteren Versuche, von der Schweiz aus den deutschen Pass zu verlängern, scheiterten. Thomas Manns Auslandsreisen, als erstes jene von 1934 in die USA, machten international gültige Papiere aber nötig. Im Juli 1934 erlangte Thomas Mann von der Polizeiabteilung des Eidgenössischen Justiz- und Polizeidepartements, übrigens immer noch «auf Grund» des – verfallenen – deutschen Reisepasses, einen Identitäts-ausweis. Er sicherte die Wiedereinreise in die Schweiz zu. «Wir sind nun also wieder mit einem gültigen Reisepass versehen», heisst es erleichtert im Tagebuch, «was ein angenehmes, beruhigendes Bewusstsein ist.»[29]

Schon im Juli 1933 rechnete Thomas Mann damit, die deutsche Staatsan-gehörigkeit zu verlieren, und sogar schon im April zuvor hatte er daran gedacht, Schweizer zu werden. Anfang 1934, nach der Installierung in Küsnacht, wurde die Angelegenheit aufgegriffen. Thomas Mann hoffte auf ein «abgekürztes Verfahren», auf einen Bürgerrechtserwerb innert zwei Jahren (9. Januar 1934 an Ernst Bertram). Aus Bern aber wurde ihm bedeutet, man könne vom Gesetz nicht abweichen und er müsse die vorgesehene Frist von sechs Jahren abwarten. «Meinetwegen», war die gelassene Reaktion.[30] Thomas Mann hoffte ja noch auf die Verlängerung seines deutschen Passes. Im Herbst 1935 nahm man dazu neuen Anlauf. Der damit beauftragte Dr. Wilhelm Abegg (ein schweizerisch-deutscher Doppelbürger, der bis 1932 Staatssekretär im Preussischen Innenmini-sterium gewesen, 1933 emigriert war und in Zürich eine Anwaltskanzlei errichtet hatte) wandte sich an den deutschen Gesandten in Bern, Freiherrn von Weizsäcker. Dieser begnügte sich freilich mit einer «unverbindlichen Antwort».[31] Die Passsperre blieb aufrechterhalten. Die Hoffnung, sich vorzeitig in der Schweiz einbürgern lassen zu können, liess Thomas Mann in der Folge fahren, nicht aber jene auf Einbürgerung überhaupt. Er fügte sich dem Gesetz und beabsichtigte, die fehlenden Aufenthaltsjahre abzuwarten.

Es kam anders. Thomas Mann wurde, auf ein entsprechendes Angebot hin, am 1. Oktober 1936 tschechoslowakischer Staatsbürger. Er wurde Tschechoslowake vor allem aus Furcht vor der Staatenlosigkeit nach einer Ausbürgerung. Diese hatte die Bayerische Politische Polizei gleich nach dem Inkrafttreten des neuen Ausbürgerungsgesetzes zu betreiben begonnen; sie stellte dem Reichsinnenministerium dazu am 18. Januar 1934 auch Antrag. Der Widerstand des Auswärtigen Amtes, auf propagandistisch-aussenpolitischen Erwägungen gründend – es schätzte das zu erwartende negative Echo des Auslands als ausserordentlich hoch ein –, vermochte sie jedoch längere Zeit zu verhindern. Aber der Schatten einer Ausbürgerung verlor sich nicht.

Nachdem Thomas Mann Tschechoslowake geworden war, stellte sich für ihn die Frage, ob die Tatsache der neuen Staatsbürgerschaft öffentlich bekannt zu machen sei oder nicht. Nach langem Hin und Her rang sich Thomas Mann dazu durch – just um einen Tag zu spät. Mit dem siebten Ausbürgerungserlass war er, zusammen mit Katja, Golo, Monika, Elisabeth und Michael Mann – bei sämtlichen unmittelbar Betroffenen wurden erstmals Ehefrauen und (auch volljährige) Kinder uneingeschränkt einbezogen –, am 2. Dezember 1936 der deutschen Staatsangehörigkeit für verlustig erklärt worden. Mit der Ausbürgerung verband sich das sofortige Verbot der Bücher Thomas Manns. Der «Reichsanzeiger» brachte die Verordnung am 3. Dezember, die übrigen Zeitungen publizierten die neue Liste am 4. Dezember.

Der Nachricht seiner Ausbürgerung folgte eine sehr grosse Resonanz der internationalen Presse. Auch in der Schweiz nahm man Anteil. Die deutlichste Reaktion kam von der Basler *National-Zeitung,* die schrieb, der reichsdeutschen Bekanntmachung sei ein Platz in der Literaturgeschichte gesichert, «wenn auch nur in der Abteilung für Dokumente monumentaler Dummheiten». Die Kritik richtete sich zum Teil auch gegen die Schweiz, die Thomas Mann der Tschechoslowakei überlassen habe.

Im Rückblick waren die Küsnachter Jahre für Thomas Mann gute Jahre, denn es waren gute Arbeitsjahre. *Der junge Joseph* erschien 1934, *Joseph in Ägypten* 1936. Dann begann die Arbeit an *Lotte in Weimar.* Abgeschlossen wurde dieser Roman in Amerika.

Denn unter dem Eindruck der deutschen Annexion Österreichs fasste Thomas Mann 1938 den Entschluss, in die USA, wohin schon verschiedene Reisen geführt hatten, überzusiedeln. Wie immer bei derartigen Entschlüssen kann man die Rolle von Katja und vor allem von Erika Mann nicht überschätzen. Die Familie wohnte zuerst an der Ostküste, in Princeton, wo Thomas Mann eine Art Ehrenprofessur bekleidete.

1941 wechselte er nach Kalifornien, nach Pacific Palisades, wo er von der Gunst der äusseren Umstände äusserst angetan war. «Die Landschaft um unser Haus herum», schrieb er Hermann Hesse (15. März 1942), «sollten Sie sehen: den Garten mit seinen Palmen, Öl-, Pfeffer-, Citronen- und Eukalyptus-Bäumen [...]. Heitere Sinneseindrücke sind nicht wenig in solchen Zeiten, und der Himmel ist hier fast das ganze Jahr heiter und sendet ein unvergleichliches, alles verschönendes Licht.» Thomas Mann entwickelte sich zum «Wanderprediger» für die Demokratie, wie er es nannte. Er sprach unzählige Male gegen Hitler. Er tat dies auch in seinen Reden *Deutsche Hörer!,* welche in London ausgestrahlt wurden und eben Deutsche als Hörer suchten. Sieht man von der Deutschschweiz ab, wo seine Bücher auf dem Markt blieben, so war dies die einzige, perverse Gelegenheit, sich direkt, in deutscher Sprache, an das deutschsprachige Publikum zu wenden. Seine in Amerika geschriebenen Werke mussten übersetzt werden. Sie hatten zwar fast ausnahmslos Erfolg, aber des Gefühls, wirklich verstanden zu werden, erfreute sich Thomas Mann nicht, wie aus verschiedenen Äusserungen hervorgeht. Er verglich die Literatur mit der Musik und meinte, angesichts des übersetzten Schattendaseins seiner Bücher könne man melancholisch werden.

Ich komme zum Schluss und damit zurück zum Anfang. Die Hauptfrage heisst: Was half Thomas Mann durch das Exil? Die Antwort lautet: das Werk. In *Joseph und seine Brüder* erzählte er die Geschichte eines Gesegneten, der alle Gefahren besteht und schliesslich von den Göttern aufgenommen wird. Auch Felix Krull ist solch ein Glückskind, dem alle Tische sich decken. Auch Thomas Mann fühlte sich als Hans im Glück. 1933, zu Beginn des Exils, hatte er den Eindruck gehabt, es sei mit dieser Glückskindschaft vorbei. Dann gelangte er doch wieder zu der Überzeugung, dass sich «der bei aller Schwierigkeit glückliche Grundcharakter» seines Lebens durchsetzen werde, dass er aus der Weltkriegs- und Exilgrube aufsteigen und seinen Glückskindweg fortschreiben werde. Fortschreiben: In seinem Werk versichert Thomas Mann sich seiner eigenen Kraft. «Ich bin diesem Werke dankbar», sagte er in seinem Vortrag *Sechzehn Jahre,* in dem er auf den *Joseph*-Roman zurückblickte, «das mir Stütze und Stab war auf einem Wege, der oft durch so dunkle Täler führte – Zuflucht, Trost, Heimat, Symbol der Beständigkeit war es mir, Gewähr meines eigenen Beharrens im stürmischen Wechsel der

Dinge.»[32] Vor diesem Werk fällt alles Ephemere des Exils ab wie Asche.
Es reagiert auf das Exil, es spiegelt das Exil, und es triumphiert über jene,
die das Exil nötig machten.

Anmerkungen

1 Thomas Mann: Gesammelte Werke in dreizehn Bänden, 2. Aufl., Frankfurt am
  Main 1974, Bd. XI, S. 98.
2 Ebd., S. 420.
3 Ebd., S. 98.
4 Ebd., Bd. IX, S. 419.
5 Thomas Mann: Tagebücher, hg. v. Peter de Mendelssohn, Inge Jens, 10 Bände,
  Frankfurt am Main 1977–1995.
6 Vgl. Mann, Tagebücher (wie Anm. 5), 15. 3. 1933: «Eri[ka]'s Ankunft erhöhte
  durch zahlreiche Geschichten von Münchener Narreteien und Atrozitäten, Ver-
  haftungen, Misshandlungen etc., die sie mit sich brachte, die Aufregung und den
  Abscheu, und die Mahnungen von dorther, dass jetzt keines der exponierten
  Familienmitglieder nach München zurückkehren möge, haben seit Scharnagls u.
  Löwensteins Briefen einen immer entschiedeneren Tonfall gewonnen.»
7 Klaus Mann: Der Wendepunkt. Ein Lebensbericht, Reinbek bei Hamburg 1984,
  S. 286.
8 Mann, Tagebücher (wie Anm. 5), 14. 3. 1934.
9 Ebd., 25. 9. 1933.
10 Ebd., 12. 9. 1933.
11 Ebd., 18. 3. 1933.
12 Ebd., 30. 3. 1933.
13 Ebd., 4. 11. 1933.
14 Ebd., 2. 9. 1935.
15 Ebd., 24. 12. 1935.
16 Ebd., 21. 9. 1933.
17 Ebd., 22. 9. 1933.
18 Mann, Werke (wie Anm. 1), Bd. XI, S. 450 f.
19 Mann, Tagebücher (wie Anm. 5), 8. 5. 1933.
20 Ebd., 12. 6. 1934.
21 Ebd., 10. 11. 1933.
22 Ebd., 7. 5. 1945, und Brief vom 3. 2. 1940 an Agnes E. Meyer.
23 Ebd., 7. 5. 1945, und Brief vom 3. 2. 1940 an Agnes E. Meyer.
24 Alfred Döblin am 4. 5. 1935 an Thomas Mann, in: Blätter der Thomas Mann
   Gesellschaft, Nr. 14, Zürich 1974, S. 15.
25 Mann, Tagebücher (wie Anm. 5), 5. 8. 1934.
26 Ebd., 11. 12. 1933.
27 Mann, Werke (wie Anm. 1), Bd. XIII, S. 105.
28 Hans Mayer: Ein Deutscher auf Widerruf. Erinnerungen, Bd. I, Frankfurt am
   Main 1982, S. 193.
29 Mann, Tagebücher (wie Anm. 5), 20. 7. 1934.

30 Ebd., 3. 2. 1934.
31 Ebd., 9. 11. 1935.
32 Mann, Werke (wie Anm. 1), Bd. XI, S. 670.

Die letzte Insel deutscher Sprache

Zur Exildramatik in der Schweiz 1933–1945

Martin Stern

Schriftsteller und Theaterleute hatten es besonders schwer, in anderen Ländern ein neues Leben zu beginnen. Sie waren auf das Interesse von Leserinnen und Lesern, Zuschauern und Zuschauerinnen angewiesen, die ihre Sprache verstanden. Aber das war nicht der Fall in den Niederlanden, in der Tschechoslowakei, in Frankreich, Schweden, England, Palästina, China, der Türkei, Russland, Nord- und Südamerika, nur in der deutschsprachigen Schweiz. So war es kein Wunder, dass bei den Schriftstellern wie auch den Schauspielern die Schweiz als Asylland besonders begehrt war. Hier gab es Verleger, die sie drucken, Theater, auf denen sie wirken konnten.

Wie wurden sie in der Schweiz aufgenommen? Die Praxis der Behörden war, wie wir heute wissen, je nach dem Zeitpunkt des Grenzübertritts und nach dem Bekanntheitsgrad des Antragstellers sehr unterschiedlich. Thomas Mann war willkommen und durfte bleiben, er war berühmt; der österreichische Kritiker Alfred Polgar musste weiterflüchten, man kannte ihn in der Schweiz zu wenig. Mitverantwortlich für die Bewilligungspraxis war während langer Zeit der Vorstand des Schweizerischen Schriftstellerverbandes, welcher auf Anfrage der Fremdenpolizei Empfehlungen unterbreitete – ob ja, ob nein.[1]

Das ist schon mehrfach dargestellt worden, am ausführlichsten 1981 von Werner Mittenzwei in dem Band *Exil in der Schweiz*.[2] – Mein Thema ist spezieller: Was hat die Schweiz in den fraglichen Jahren von der dramatischen Produktion geflüchteter Schriftsteller rezipiert, was ignoriert oder nicht aufzuführen gewagt – und aus welchen Gründen? Beginnen möchte ich mit zwei merkwürdigen Fällen von Nichtbeachtung.

1.

Der erste Fall betrifft den ungarischen Emigranten *Julius Hay* (1900 bis 1975) und sein in der Schweiz uraufgeführtes Drama *Der arme Mann im Toggenburg.* Es wurde am 7. April 1936 im Stadttheater Bern inszeniert, aber nie gedruckt; ein Durchschlag eines Typoskripts befindet sich in der Schweizerischen Theatersammlung in Bern.

Julius Hay war nicht Jude, aber Kommunist. Nach seiner Flucht aus Berlin kam er nach Zürich, wurde dort von dem Schriftsteller Rudolf Jakob Humm gastlich aufgenommen, ging dann aber 1937 über Prag in die UdSSR und 1945 zurück nach Ungarn. 1956 war er Anhänger der Reformen unter Imre Nagy und büsste das mit vier Jahren Gefängnis. 1965 emigrierte er ein zweites Mal in die Schweiz, wo er 1975 im Tessin verstarb.[3]

Hays Interesse für den Toggenburger Autodidakten Ulrich Bräker, dessen Autobiographie schon im 18. Jahrhundert in Zürich gedruckt und seither immer wieder aufgelegt wurde, führte zu einem der seltenen Fälle einer fruchtbaren Zusammenarbeit zwischen einem Emigranten und Schweizern, nämlich dem Komponisten Robert Blum und dem Theatermann und Autor Walter Lesch. Lesch verfasste für Hays Stück Liedertexte, die Blum vertonte, der auch die Begleitmusik schrieb.

Das Spiel beginnt im Toggenburg und zeigt den jungen Ueli Bräker und seine Familie als Opfer der Baumwollkrise, als die Importe aus industrialisierten Ländern die Existenz vieler kleiner Weber und Garnhändler in der Schweiz bedrohten. Die zweite Station ist Schaffhausen, wo Ueli dem Soldatenwerber des Königs von Preussen auf den Leim geht und sich von seiner Liebsten trennen muss. Die dritte Station zeigt das öde Kasernenleben in Berlin und den grausamen Drill, dem die von überallher zusammengetrommelten Rekruten unterworfen werden. Das vierte und letzte Bild führt in die Schlacht von Lobositz im Siebenjährigen Krieg, wo Ueli desertiert und zum Pazifisten wird. Von einem «Chor der Heimkehrer» werden zum Abschluss die Armen und Ausgebeuteten zum Widerstand gegen ihre Unterdrücker aufgerufen.

Hays Stück hat deutlich sozialistische und antimilitaristische Tendenzen; es verweigert ausserdem jede Versöhnung: Bräkers in der Autobiographie beschriebene glückliche Rückkehr in die Heimat wird unterschlagen. Man weiss als Zuschauer nicht, was am Ende mit dem armen Deserteur geschieht.

Dass die Schweizer Lesch und Blum das unterstützten, mag auf den ersten Blick erstaunen. Ruft man sich aber den Zeitpunkt der Berner Inszenierung in Erinnerung, wird es verständlicher: Die Arbeitslosigkeit war 1936 in der Schweiz noch immer bedrohlich hoch, der Widerstand gegen Militärausgaben und die Kluft zwischen Arbeiterschaft und Unternehmertum gross. Die stalinistischen Moskauer Schauprozesse gegen Dissidenten, die dann zur Absage vieler westlicher Intellektueller an den Bolschewismus führten, waren noch nicht zu Ende. Manche Künstler und Intellektuelle solidarisierten sich immer noch mit Nie-wieder-Krieg-Parolen und mit sozialistischen und kommunistischen Wirtschaftsmodellen. So ist es begreiflich, dass die sozialdemokratische *Berner Tagwacht* Hays Drama als «ergreifend wahr» bezeichnete. Das bürgerliche *Berner Tagblatt* allerdings meinte, in einem Moment, wo die ganze Schweiz ein grosses Opfer für die Landesverteidigung bringen müsse, werde man verstimmt durch so viel Pazifismus.

Die Folge blieb nicht aus: Hays *Armer Mann im Toggenburg* wurde nach kurzer Zeit vom Spielplan abgesetzt und bis heute meines Wissens nie mehr gespielt. Doch nun zum zweiten Fall.

2.

Ein nicht zur Aufführung gelangtes, bedeutendes Drama von zwei in die Schweiz geflüchteten deutschen Juden hiess *Kraft durch – Feuer*. Es stammte von dem Mainzer Schauspieler und Regisseur *Rudolf Frank* (1886–1979) und seinem Schicksalsgenossen *Abraham Halbert* (1881 bis 1965).[4] Sie lernten sich in Zürich kennen und verfassten gemeinsam diesen mutigen Protest gegen die NS-Barbarei. Beide waren erfahrene Theaterleute. Frank war promovierter Jurist, liess sich dann jedoch zum Schauspieler ausbilden, studierte bei Max Reinhardt und arbeitete anschliessend in Frankfurt, Italien und Wien. Halbert hatte, ebenfalls in Wien, das erfolgreiche Emigrationsdrama *Die Grenze* verfasst, das später auch in New York und Chicago aufgeführt wurde.

«Kraft durch – Feuer» war ein böses Zitat, das aufkam, als Schlägerbanden im November 1938 Geschäfte zertrümmerten und Synagogen anzündeten; es imitierte den Namen der NS-Freizeitorganisation «Kraft durch Freude». Frank und Halbert widmeten ihr Drama den Opfern jener, wie

sie schrieben, «Explosion menschlicher Unmenschlichkeit».[5] Der erste
Akt spielt in der Wohnung eines Arztes im hessischen Kronberg im
Taunus, der zweite und dritte im Teppichgeschäft von dessen Eltern in
Frankfurt, der vierte an der deutsch-belgischen Grenze. Es geht um
Drohung, Demütigung, Erpressung und Raub gegenüber drei Generatio-
nen jüdischer Deutscher und um ihre zuletzt scheiternde Flucht.

Eine Qualität des Stückes sind die differenziert gezeigten gesellschaftlichen Verhältnisse. Mit Hilfe von Nebenfiguren – entfernten Familien-
mitgliedern, Angestellten, Freunden, Untermietern und Nachbarn, von
Überzeugungstätern und blossen Mitläufern – wird ein breites Spek-
trum von Gesinnungen und Verhaltensweisen einsehbar, das unter
anderem die Schwierigkeit der jüdischen Kernfamilie verständlich macht,
sich fürs Exil oder für das Ausharren in der deutschen Heimat zu
entscheiden. Die Zeit der Niederschrift dieses Werks (Winter 1938/39)
und sein Realitätsgehalt machen es zu einem authentischen historischen
Zeugnis. Es wird darin nur noch von wenigen anderen Dramen des Exils
erreicht. Am nächsten kommt ihm wahrscheinlich das Drama *Pastor
Hall*, das der Expressionist Ernst Toller im gleichen Jahr 1938 im
amerikanischen Exil verfasste.[6]

Warum das Stück auf keine schweizerische Bühne gelangte, ist noch
nicht ermittelt. Mit Sicherheit hätte es einen Protest der deutschen
Botschaft hervorgerufen, denn es denunzierte den NS-Terror schonungslos. Die Schweizer Regierung aber bemühte sich, wie man heute
weiss, intensiv darum, jegliche Provokation des mächtigen Nachbarn
und Handelspartners zu vermeiden.

Nach diesen zwei zu Unrecht vergessenen Werken gehen wir nun zu den
Anfängen des Exils und von Bern und Basel nach Zürich.

3.

Der Direktor des damaligen Zürcher Schauspielhauses, Ferdinand Rieser,
war selbst Jude und ein Schwager des Prager Dichters Franz Werfel. Er
liess früher als andere Theaterleiter antifaschistische Zeitstücke auffüh-
ren. Sie zeigten bereits ab Herbst 1933 deutlich, wie viel Lüge und
Barbarei mit dem Nationalsozialismus in Deutschland an die Macht
gelangt waren.

Ferdinand Bruckner: Die Rassen. Schauspielhaus Zürich, 30. November 1933. (Photo: Schweizerische Theatersammlung, Bern)

Das erste Drama dieser Art, das vom Ensemble des Hauses am Pfauen gespielt wurde, hiess *Die Rassen* und stammte aus der Feder des Österreichers *Ferdinand Bruckner* (1891–1958).[7] Es erlebte seine Uraufführung am 30. November 1933 und traf den Kern der nationalsozialistischen Lehre, ihren Arierwahn und Antisemitismus. Im selben Jahr 1933 floh Bruckner aus Deutschland in die Schweiz, später nach Paris und 1936 nach New York.

Die Zürcher Uraufführung der *Rassen* inszenierte der ebenfalls aus Deutschland vertriebene Regisseur Gustav Hartung, den Direktor Rieser wie zahlreiche bedrohte deutsche Schauspieler an sein Haus verpflichtet hatte. Das dreiaktige Drama hat neun Bilder und spielt in einer deutschen Universitätsstadt im März und April 1933. Die meisten Figuren sind junge Akademiker. Die Hauptgestalt ist ein Student; er liebt die Tochter eines jüdischen Industriellen, schenkt aber den NS-Rassetheorien Glauben und wird dadurch mitschuldig an der brutalen Ausgrenzung und Demütigung eines jüdischen Kommilitonen und Freundes. So wird gezeigt, wie der Antisemitismus um sich greift und

menschliche Beziehungen zerstört, wobei es zu einer gewaltsamen
Gegenwehr kommt. Ein junger Antifaschist tötet den schlimmsten
Hetzer unter den Nationalsozialisten und flieht ins Ausland. – Dass
dieses Ende als indirekte Aufforderung zu ähnlichen Aktionen verstan-
den werden konnte, liegt auf der Hand; so wurde es bei der Urauffüh-
rung in Zürich abgeändert: Hier rief der Antifaschist nur noch mit
Worten zum Widerstand auf. Dennoch kam es anschliessend zu Krawal-
len durch aufgebrachte Frontisten.
Wer heute die Vorsicht Riesers kritisiert, sollte Folgendes wissen: In
Wien war schon 1933 keine Bühne mehr bereit, Bruckners Stück zu
inszenieren; am Deutschen Theater in Prag misslang ein entsprechender
Versuch, weil drei dafür unentbehrliche Schauspieler Repressalien im
Deutschen Reich befürchteten; und nicht einmal in London war eine
Aufführung möglich, weil das, wie die offizielle Version lautete, der
Provokation eines «befreundeten Staates» gleichkäme. (Es war die Zeit
der britischen «Appeasement»-Politik.) Nur Paris zeigte sich mutiger.
Dort erlebte Bruckners Stück im Théâtre de l'Œuvre ab März 1934 mehr
als einhundert Aufführungen.
Das Drama hatte übrigens in Zürich ein erlesenes Publikum. Zahlreiche
Repräsentanten der exilierten deutschen Kultur wohnten der Urauffüh-
rung bei, darunter Thomas und Katja Mann, Franz Werfel, Leonhard
Frank, der Dirigent Bruno Walter und die Schauspieler Grete Mosheim,
Max Pallenberg, Alexander Moissi und Ernst Deutsch.[8]

4.

Die zweite mutige Inszenierung in Zürich galt einem Stück des österreichischen Dichters *Hermann Broch* (1886–1951). Sie erfolgte am 15. März
1934. Broch lebte damals noch im Tirol, konnte aber sein Drama nur auf
einer schweizerischen Bühne zur Aufführung bringen. Es hiess ursprünglich *Die Entsühnung* und war eine Dramatisierung seines 1932
begonnenen, 1935 beendeten Romans *Die Verzauberung*.[9] In Zürich
ging das Stück unter dem veränderten Titel *...denn sie wissen nicht, was
sie tun* über die Bühne, und zwar praktisch zur gleichen Zeit, als die
österreichische Politik unter Bundeskanzler Dollfuss eine faschistische
Wende nahm.

Der Ort der Handlung ist eine südwestdeutsche Industriestadt. Es geht darin um Entlassungen und Arbeitslosigkeit, um Firmenfusion und drohenden Konkurs. Der Direktor der gefährdeten Firma ist ein Schweizer, der aber nun von den Besitzern verdächtigt wird, Sozialist zu sein und es mit den Arbeitern zu halten. Ein wichtiges Begleitthema ist der erstarkende Nationalsozialismus. Seine Ziele lauten zweideutig, halb sozialistisch, halb völkisch: «Gemeinsamkeit des Volkes» und «Gemeinschaft des Blutes».[10] Ob dieser Taktik zerfleischt sich die politische Linke: Schon im ersten Akt wird ein Gewerkschaftssekretär von einem enttäuschten Kommunisten erschossen, und als vermeintlicher Lohndrücker wird der Schweizer Direktor von wütenden Arbeitern angegriffen und verliert durch einen Steinwurf ein Kind. Der Fabrikinhaber jedoch erhängt sich, nachdem er die Aktienmehrheit und damit seinen Einfluss auf das Unternehmen verloren hat.[11]

Ein Chor von sieben Frauen gibt am Schluss des Dramas der optimistischen Hoffnung auf baldige politische Veränderung Ausdruck. Dieser Epilog wurde aber bei der Zürcher Uraufführung stark zusammengestrichen.

5.

Die zeitlich nächste mutige Inszenierung am Zürcher Schauspielhaus stammte von *Friedrich Wolf* (1888–1953). Wolf wurde als Militärarzt im Ersten Weltkrieg Pazifist und Kommunist. 1933 emigrierte er über die Schweiz nach Frankreich, wo er interniert, aber 1941 in die UdSSR entlassen wurde. Von dort kehrte er 1945 als Offizier der Roten Armee nach Deutschland zurück und wurde 1950/51 erster DDR-Botschafter in Polen.

Im Pariser Exil entstand 1933 Wolfs Zeitstück *Professor Mamlock*. Es gelangte nach Zürich und wurde hier unter dem Titel *Professor Mannheim* am 8. November 1934 aufgeführt. Die Grundsituation erinnert an Arthur Schnitzlers Drama *Professor Bernhardi*, das zwanzig Jahre früher, 1912, ebenfalls die Ausgrenzung und Demütigung eines jüdischen Klinikchefs durch karrieresüchtige, antisemitische Konkurrenten darstellte und Schnitzler damals die Aberkennung seines Offiziersrangs einbrachte. – Wolfs Titelheld Mannheim ist in seiner konservativdeutschnationalen Gesinnung trotz der Warnungen seines Sohnes nicht in der Lage, die Unterwanderungstaktik seiner Feinde und die Aussichtslosigkeit seiner Situation rechtzeitig zu erkennen. Umso härter trifft ihn die Absetzung. Da er seine jüdischen Mitarbeiter nicht entlassen will, wählt er den Freitod, während sein Sohn sich dem kommunistischen Widerstand anschliesst.

Das zumeist mit Emigranten besetzte Ensemble des Zürcher Schauspielhauses hatte mit 62 Abenden den bisher grössten Erfolg mit diesem kritischen Zeitstück. Die Aufführungen waren, wie jene von Bruckners *Die Rassen,* begleitet von frontistischen Störversuchen, die bis zum Mai 1935 andauerten. Aber die Zürcher Stadtpolizei sicherte dem Publikum den freien Zugang und den ruhigen Verlauf der Aufführungen.

Ein Ungar, zwei Deutsche und zwei Österreicher waren die bisher vorgestellten Dramatiker. Nun folgt ein prominenter Italiener.

6.

Ignazio Silone (1900–1978) war ein Antifaschist der ersten Stunde. Er hatte Italien schon 1929 verlassen. Er befreundete sich wie Julius Hay in Zürich mit Rudolf Jakob Humm und dessen Kreis. Er verfasste Reden, Essays und Romane, von denen einer, *Brot und Wein,* 1937 im Verlag Oprecht erschien und ein grosser Erfolg wurde. Silone erhielt dafür sogar eine Ehrengabe der Stadt Zürich. Das allerdings hinderte die Berner Bundespolizei nicht, den Asylanten Silone 1942 wegen verbotener politischer Betätigung zu verhaften und ihm, für den Fall einer Wiederholung, mit der Ausweisung zu drohen. Das mag mitverursacht haben, dass Silones Drama *Und er verbarg sich,* obwohl 1944 entstanden, erst am 5. Mai 1945 am Schauspielhaus Zürich zur Aufführung kam. Darin geht es um eine Gruppe von Männern verschiedenster Berufe in einer italienischen Kleinstadt. Sie bekämpfen die Faschisten, können sich aber nicht auf eine gemeinsame Taktik einigen, seit der führende Kopf vor der drohenden Verhaftung aus der Stadt geflüchtet ist. Jetzt ruft diesen sein politisches Gewissen zurück. Er kann die Gruppe überzeugen, dass Widerstand nötig und möglich sei, und er wird ihn von einem sicheren Partisanenversteck aus organisieren.[12]

7.

Ein für die Schweizer Theaterszene wichtiger Emigrant war auch der Tscheche *Peter Lotar* (1910–1986). Lotar stammte als Sohn jüdischer Eltern aus Prag und wuchs zweisprachig auf. Nach der Besetzung seiner Vaterstadt im Frühjahr 1939 floh er in die Schweiz und erhielt eine Anstellung am Städtebundtheater Biel-Solothurn, wo er zuletzt Oberspielleiter wurde. Von 1946 an arbeitete er als Dramaturg im Bühnenverlag Curt Reiss in Basel, wo er unter anderem das Frühwerk von Friedrich Dürrenmatt betreute. 1949 wurde Lotar Schweizer; er erhielt 1967 für sein Gesamtwerk den Preis der Schweizerischen Schillerstiftung. Auch Lotar ist von der Exilforschung bisher vernachlässigt worden.[13]

Lotars Flüchtlingsdrama mit dem Titel *Die Wahrheit siegt* entstand 1941. Es handelt von einem Generationenkonflikt in einer Prager Familie und vom Untergang der Tschechoslowakischen Republik unter Staatspräsident Benesch 1938/39. Dabei kommen neben dem Terror der deutschen Besatzer und dem Verrat der Kollaborateure auch die Intrigen der um Visa nach Übersee kämpfenden Juden und Sozialisten unbeschönigt zur Sprache.

Interessant scheint mir bei diesem Stück besonders die Aufführungsgeschichte. Sie illustriert deutlich die Ängste der schweizerischen Theaterdirektoren vor den Behörden und die entsprechende Neigung zur Selbstzensur. So wagte es das Städtebundtheater Biel-Solothurn erst im März 1945, Lotars Stück aufzuführen. Dessen Direktor Leo Delsen (eigentlich Leo Igelsohn) stammte aus Russland und war ein jüdischer Immigrant.[14] Er musste vorsichtig sein. Als er dann wenige Wochen vor der Kapitulation der Deutschen Wehrmacht eine Inszenierung wagte, kommentierte das Lotar in seiner Autobiographie mit dem zynischen Satz: «Die verreckende Bestie fürchtet man nicht mehr.»[15]

8.

Ein erfolgreiches Spiel eines deutschen Emigranten war das Stück *Jemand*, eine moderne Passionsgeschichte aus sozialistischer Perspektive. Es stammte von *Hans Sahl* (1902–1998). Sahl kam aus Dresden und lebte bis 1933 als Publizist und Kritiker in Berlin. Seine Erinnerung an die erzwungene Auswanderung sei als erstes zitiert, denn sie schildert die damaligen Verhältnisse recht genau. Sahl schreibt: «Es war schwer, eine Aufenthaltsbewilligung in Zürich zu bekommen, weil ich keine feste Anstellung hatte. Massnahmen gegen die ‹Überfremdung› wurden nicht nur von jenen gefordert, die sich beim grossen Bruder jenseits der Grenzen beliebt machen wollten, sondern auch von den Vertretern der Arbeitnehmer, die um ihre Arbeitsplätze fürchteten. Emigranten, deren Aufenthaltserlaubnis abgelaufen war, wurden kurzerhand über die Grenze gestellt, ohne Rücksicht darauf, was mit ihnen geschehen würde.»[16]

Sahl ging dann weiter nach Frankreich und mit einem der letzten Schiffe nach New York. 1989 kam er zurück nach Deutschland und starb erst 1998 in Tübingen.

In Zürich hatte sich Sahl mit Mitgliedern des «Cabaret Pfeffermühle» von Erika Mann und mit Schauspielern des Schauspielhauses befreundet. Sie verschafften ihm den Auftrag, für das 15. Gesangsfest des Arbeiter-Sängerkartells 1938 in Zürich ein Festspiel zu gestalten.

Sahls *Jemand* war ein so genanntes Chorwerk. Neben wenigen Hauptfiguren und einem «Vorleser» waren Sprech- und Bewegungschöre beteiligt, wie sie auch der deutsche Regisseur Erwin Piscator erfolgreich einsetzte. «Chorwerke» waren in der sozialistischen Arbeiterkultur der zwanziger und frühen dreissiger Jahre eine beliebte Form der Bewusstseinsbildung und Agitation. Sahl ging bei seinem Stück von einer Holzschnittfolge des flämischen Künstlers Frans Masereel aus. Sie trug den Titel *Die Passion eines Menschen,* und einzelne Bilder daraus wurden während der Aufführung in Zürich als Grossprojektionen auf einer Leinwand im Hintergrund der Bühne gezeigt.

Hans Sahls Jemand ist zu Beginn ein Niemand; aber durch Einsicht in das herrschende soziale Unrecht wird er zum selbstbewussten Revolutionär. Die Staatsmacht, gegen die er revoltiert, verfolgt ihn als Rädelsführer und lässt ihn schliesslich hinrichten. Dabei werden Parallelen zur Kreuzigung Jesu deutlich hervorgehoben.

Wie an der Inszenierung von Hays *Der arme Mann im Toggenburg* waren auch an jener von Sahls *Jemand* neben Emigranten mehrere schweizerische Künstler beteiligt. Als «Vorleser» der Geschichte des Jemand wirkte der Schweizer Charakterdarsteller Heinrich Gretler, als Tänzerin die Emigrantin Jo Mihaly, die Frau des Regisseurs Leonard

Steckel. Die Musik stammte vom ungarischen Emigranten Tibor Kasics, der als Tarnung damals noch das Pseudonym Viktor Halder benützte, weil auch er wie Sahl keine Arbeitsbewilligung besass. Die Gesamtleitung lag in den Händen des Schweizers Carl Danioth. Mitwirkende waren das Arbeiter-Sängerkartell, der Neue Chor Zürich und ein Kinderchor sowie das Arbeiterorchester Zürich.

Die Uraufführung fand am 10. März 1938 im Limmathaus Zürich statt und weitere Aufführungen in einem grossen Zelt auf der Bellevue-Wiese in Zürich. Auch der Künstler Frans Masereel kam zu einer Aufführung nach Zürich und wurde vom Präsidenten der Sozialdemokratischen Partei der Schweiz, dem späteren Bundesrat Ernst Nobs, zusammen mit Sahl begrüsst und gefeiert.

Ich möchte nun noch auf eine besondere Gruppe von Emigranten hinweisen, auf Dramatiker, die ebenfalls unfreiwillig in der Schweiz lebten, aber keine Warnungen oder Anklagen verfassten, sondern einfach den Theatermarkt mit Stücken belieferten und so bewährte Bühnentraditionen fortsetzten, vor allem als Verfasser von Lustspielen und historischen oder Gesellschaftsdramen. Ihre Namen und Werke sind heute grossenteils vergessen, wohl eben deshalb, weil sie nie politische Fälle waren. Ich beschränke mich aber auf einen einzigen Autor aus dieser Gruppe.

9.

Ein witziges, in Zürich aufgeführtes Lustspiel dieser Art stammte von *Wilhelm Maria Treichlinger* (1902–1973).[17] Treichlinger teilte mit seinem französischen Vorbild Jean Giraudoux das Vergnügen an Parodien griechischer Mythen. So schrieb er eine kabarettistische Komödie über den Ehebruch und Raub der Helena unter dem Titel *Göttin, versuche die Menschen nicht*, dessen Uraufführung am 14. November 1942 im Schauspielhaus Zürich stattfand. Treichlingers Variante des bekannten mythologischen Stoffes besteht darin, dass die Liebesgöttin Aphrodite selbst in der Gestalt der Helena auftritt. Wie der Gott Zeus gern in fremder Gestalt auf die Erde kommt, so dieses Mal seine Tochter Aphrodite. Helena ist bei Treichlinger die grosse Verführerin der Männer. Das erinnert an Offenbachs Travestie *La belle Hélène* und an Heinrich

Wilhelm Maria Treichlinger: Göttin, versuche die Menschen nicht. Schauspielhaus Zürich, 14. November 1942. (Photo: Stadtarchiv Zürich)

Heines freches *Tanzpoem Faust,* wo die Teufelin Mephistophela an der
Stelle von Goethes Mephistopheles als Versucherin auftritt. Recht
freizügig für damalige Begriffe war auch die ganze Inszenierung, wie ein
Szenenbild mit Hortense Raky als Helena im Bade und Therese Giehse
als Dienerin zeigt. Die Dekoration stammte von Teo Otto, Regie führte
Leonard Steckel, die musikalische Leitung hatte Paul Burkhard. Als
Göttinnen und Götter traten unter anderen Annemarie Blanc, Erwin
Parker und Lukas Ammann auf, als Griechen Wolfgang Heinz, Wolfgang Langhoff, Robert Bichler, Hermann Wlach und Robert Freitag –
eine ganz hochkarätige Besetzung. Schon dem Programmheft war hier,
mitten im Zweiten Weltkrieg, anzumerken, dass es dem Schauspielhaus
darum ging, das Publikum die Alltagsnöte und Sorgen um die Zukunft
einen Abend lang vergessen zu lassen. So wurde vor der Aufführung ein
Flugblatt mit fiktiven Vorankündigungen und Rezensionen aus der
griechischen und trojanischen Presse verteilt. Darin konnte man zum
Beispiel unter dem Datum «Sparta, November 1942 v. Chr. Geb.» lesen:

«[...] jedenfalls leben wir in einer sehr grossen Zeit. Auch wenn sie für unseren Bedarf ein wenig zu gross ist.» – Es war der Beginn der Schlacht um Stalingrad.

Was ich mit der Erwähnung Wilhelm Maria Treichlingers zeigen wollte, ist, dass es falsch wäre zu meinen, in den Jahren der Bedrohung der Schweiz durch den Nationalsozialismus habe das Publikum im Theater vor allem Politisches und Belehrendes gesucht. Dem war nicht so. Es verlangte ebenso stark nach Ablenkung, Entspannung und Erheiterung. Und diesem Bedürfnis kamen Stücke wie das eben genannte – oder schweizerische wie *Gilberte de Courgenay* – in damals erfolgreicher Weise nach. Alle Theater mussten dem Rechnung tragen, schon allein aus ökonomischen Überlegungen.

Im letzten Teil möchte ich nun noch auf bekanntere Dramatiker der Emigration eingehen, die in der Schweiz Ur- oder deutsche Erstaufführungen erlebten, auf Ödön von Horváth, Franz Werfel, Fritz Hochwälder, Georg Kaiser und Bertolt Brecht. Ihre Stücke hatten sehr unterschiedliche Schicksale. Horváth erlebte noch vor der NS-Zeit vor allem in Berlin Erfolge mit seinen sozialkritischen Stücken und wird nach wie vor gespielt. Werfel wurde als Romancier weltberühmt und ist es noch, während seine dramatischen Werke nicht mehr präsent sind. Hochwälder hatte in den fünfziger Jahren mit seinen Dramen Konjunktur, wird aber heute kaum mehr erwähnt. Kaiser ist für Germanisten als Dramatiker des Expressionismus eine feste Grösse, doch sein Spätwerk erscheint nur noch selten in einem deutschen Spielplan. Brecht wird weiterhin häufig gespielt. Allerdings steht sein Einfluss auf die Autoren der Gegenwart in keinem Verhältnis mehr zu jenem in den sechziger und siebziger Jahren, als er die deutschen Theater dominierte.

10.

Von *Ödön von Horváth* (1901–1938) wurde eine tragikomische Posse in der Schweiz uraufgeführt, die heute ausser den Spezialisten niemand mehr kennt. Gemeint ist seine am 13. Dezember 1934 im Schauspielhaus Zürich inszenierte, auch von Thomas und Katja Mann besuchte Komödie *Hin und her*. Sie benützt Johann Nestroy nachgebildete Effekte sprachlicher und szenischer Art,[18] häuft unwahrscheinliche Zufälle und

schliesst mit einem Happy End, das ostentativ im Widerspruch zu der
gemeinten Wirklichkeit steht, dem Elend der Staatenlosen. Die Musik
zu den gesungenen Couplets stammte von dem aus Mainz nach Österreich vertriebenen, dann auch aus Wien geflüchteten Komponisten Hans
Gál, der schliesslich nach Grossbritannien auswanderte. Die Handlung
spielt sich auf einer zwei Staaten verbindenden Brücke über einem
Grenzfluss ab, auf der auch gefischt und geschmuggelt wird. Ein im
Staat A geborener, aber im Staat B aufgewachsener Mann mittleren
Alters hat Konkurs gemacht und soll in sein Geburtsland abgeschoben
werden. Sein Geburtsland beziehungsweise dessen «Grenzorgan» weist
ihn jedoch zurück, da er es versäumte, rechtzeitig seinen Pass erneuern
zu lassen. Nun kampiert er auf der Brücke, dem Niemandsland, und
gelangt nur deshalb wieder zu einer «Nationalität», weil er zufällig den
inkognito an den Grenzfluss gekommenen Ministerpräsidenten nach
dessen irrtümlicher Verhaftung vor einer öffentlichen Blamage bewahren kann. Horváths Stück arbeitet mit Mitteln der Farce, des grand
guignol, und versteckt so seinen im ganzen eher melancholischen als
aggressiven Protest gegen die Unmenschlichkeit diverser damaliger
Bürokratien. Horváth konnte 1934 noch nicht wissen, welche Katastrophe vor allem auf die jüdischen Flüchtlinge zukam. Selbst nicht Jude,
floh er erst relativ spät aus Berlin über Ungarn, die Tschechoslowakei,
Jugoslawien und Italien in die Schweiz und weiter nach Paris, wo er 1938
auf den Champs-Elysées von einem herabstürzenden Ast erschlagen
wurde.

11.

Fast genau zehn Jahre nach Horváths possenhaftem Grenzdrama *Hin
und her* erlebte am 17. Oktober 1944 ein Erfolgsstück von *Franz Werfel*
(1890–1945) seine deutschsprachige Uraufführung: *Jacobowsky und der
Oberst*. Die Aufführung fand am Basler Theater statt, mit Gastspielen in
Zürich und Luzern. Werfels Stück hat ebenfalls ein Happy End und will
damit offensichtlich Optimismus erzeugen, ist aber im Ganzen weit
realistischer als das ihm thematisch verwandte von Horváth. Ein ein-
fallsreicher, lebenskluger und gewandter polnischer Jude namens Jacobowsky ermöglicht darin einem adelsstolzen polnischen Oberst, sich

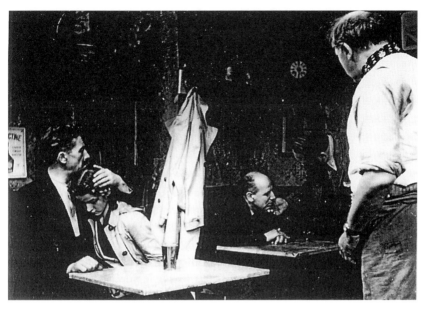

Franz Werfel: Jacobowsky und der Oberst. Schauspielhaus Zürich, 17. Oktober 1944. (Photo: Stadtarchiv Zürich)

gerade noch vor dem Einmarsch der deutschen Wehrmacht aus Paris zu retten. Dank Jacobowskys Genie gelingt die Requirierung eines Autos, in welchem die beiden in Richtung Kanalküste flüchten, nicht ohne noch die französische Geliebte des Polen abzuholen, die aber ihre Gunst nun ganz dem Juden zuwendet. Die Mission des Obersten besteht darin, der polnischen Exilregierung in London eine geheime Botschaft zu übermitteln, was denn auch zu gelingen scheint. Denn die Flüchtlinge entgehen dank dem Geschick Jacobowskys mehrfach den Kontrollen durch deutsche Patrouillen und werden schliesslich in einer versteckten Bucht von einem englischen Schnellboot aufgenommen. – Das war, angesichts des in Polen grassierenden Antisemitismus und kirchlichen Antijudaismus, ein wirksames Plädoyer für die natürlich auch unter Juden vorhandene pragmatische Vernunft und eine witzige Abrechnung mit Adelsstolz und Nationalismus.

12.

Fritz Hochwälder (1911–1986) stammte aus Wien und war ebenfalls
Jude. Schon vor dem Anschluss Österreichs trat er mit ersten dramati-
schen Versuchen hervor. 1938 musste er flüchten und kam in die
Schweiz, wo er interniert wurde. Nach Kriegsende zog er nach Zürich,
wo er bis zu seinem Tode blieb. Seine beiden Eltern kamen in Polen im
KZ um.

Hochwälders erstes in der Emigration verfasstes Drama trägt den Titel
Esther. Es entstand 1940 und behandelte das Schicksal der schönen
alttestamentlichen Jüdin dieses Namens im Reich des Königs Ahasver.
Doch sie heisst bei Hochwälder Hadassa Stern und ihr Onkel, ein
reicher Gutsbesitzer, Mordechai Stern. Sie leben als Mitglieder der
jüdischen Minderheit in einem an das damalige Rumänien erinnernden
Land, in welchem ein ruchloser Emporkömmling namens Haman den
Volkszorn über die desolaten wirtschaftlichen Verhältnisse auf die Juden
zu lenken und den König zu entmachten sucht. Das ist die – politisch
nicht ganz fern liegende – Ausgangslage: Usurpation der Macht, Ver-
leumdung und geplante Massenvernichtung des wirtschaftlich erfolgreichen Gastvolkes der Juden. Die Züge der aus dem Alten Testament
übernommenen Figur des Aufwieglers und Judenhassers Haman sind
jene Hitlers, und der König, der ihm die Macht abtreten soll, gleicht dem
greisen Hindenburg. Hochwälders Stück *Esther* stellte also die Vorge-
schichte des Holocaust dar, aber versehen mit einer aus der Bibel
geschöpften Hoffnung auf Rettung. Denn der schönen Esther und der
Weisheit und dem Mut ihres Onkels Mordechai gelingt es im letzten
Moment, dem König die Augen zu öffnen und so den Völkermord zu
verhindern. Ob das Stück je irgendwo gespielt wurde, ist mir nicht
bekannt.

Dass während des Zweiten Weltkriegs in der Schweiz kein Theater
dieses Spiel inszenieren wollte, ist begreiflich; dass das nach dem Krieg
auch nicht mehr möglich war aber ebenfalls: Die sechs Millionen
ermordeten Juden straften die Hoffnung des Verfassers Lügen.

Ein Welterfolg wurde Hochwälders sozial- und kirchenkritisches Drama *Das heilige Experiment,* das er in der Freizeit während seines
Arbeitsdienstes in einem Emigrantenlager im Tessin verfasste. Es erlebte
seine Uraufführung im März 1943 am Städtebundtheater Biel-Solothurn

und kam 1944 auch in Luzern auf die Bühne. Nach Kriegsende wurde es zum Grosserfolg vor allem in Paris, wo Louis Jouvet die Hauptrolle spielte, aber auch in Amerika; es wurde ausserdem erfolgreich verfilmt. Hochwälders *Heiliges Experiment* spielt an einem einzigen Tag des Jahres 1767 im Jesuitenkollegium von Buenos Aires und beruht auf Tatsachen. Dieser Tag entscheidet über das weitere Schicksal eines Versuches der Societas Jesu, mit den Indiostämmen am Fluss Paraguay zu erproben, ob es möglich sei, dem Evangelium auch gesellschaftlich nachzuleben. Dort hatten Pioniere des Ordens gemeinsam mit den Führern der Indios in geduldiger Überzeugungs- und Aufbauarbeit einen katholischen Gottesstaat errichtet, in welchem Brüderlichkeit, Gerechtigkeit und Liebe unter allen – Weissen und Farbigen – die Maxime war. Es gab darin kein Geld, nur Tausch, und Sklaverei und Todesstrafe waren abgeschafft. Aber dieses «heilige Experiment» stiess sowohl bei den spanischstämmigen Grundbesitzern und Bischöfen wie auch bei der Ordensleitung in Rom und bei der Krone in Madrid auf immer mehr Misstrauen. Um gegen die revolutionäre urchristliche Kolonie vorgehen zu können, wurden die Väter der Societas Jesu beschuldigt, Silberminen auszubeuten, ohne der spanischen Krone ihren Anteil abzuliefern; ferner, die Indios zu bewaffnen und ihnen ein falsches, nämlich materiellen Wohlstand versprechendes Christentum zu predigen. Widerstand wäre angesichts der Treue der Patres zu ihrer Sache und der Entschlossenheit der Indioführer durchaus möglich gewesen. Aber den Ausschlag gibt zuletzt die unbedingte Gehorsams-pflicht des Ordens gegenüber dem Papst, der den leitenden Pater Provinzial durch seinen geheimen Emissär wissen lässt, es sei materiali-stisch und also widerchristlich, das Reich Gottes auf der Erde errichten zu wollen. Der Provinzial ist gegenteiliger Ansicht, muss aber schliesslich sogar selbst den Befehl zum Abbruch des Experiments erteilen und büsst das beim ausbrechenden Aufstand der Indios mit dem Tod.

Aus dem Geist seines kämpferischen christlichen Humanismus war Hochwälder so schon 1943 ein auch dramaturgisch gut gebautes, der Form nach klassisches Theaterstück gelungen, ausserdem ein Beitrag zur Entkolonisierungsdiskussion, die mit Gandhi in Indien eingesetzt hatte und später auch in Asien und in Afrika die grosse Wende einleitete.[19]

13.

Der in der Weimarer Republik meistgespielte deutsche Dramatiker war *Georg Kaiser* (1878–1945).²⁰ Von ihm stammen an die 70 Dramen. Er war weder Jude noch Sozialist, galt aber der NS-Kulturbürokratie als «entartet». Er wurde von den deutschen Theatern boykottiert und suchte daher aus finanziellen Gründen Zuflucht in der Schweiz, wo ihn der Dramatiker Cäsar von Arx selbstlos unterstützte. Vier seiner rund zehn hier geschriebenen Schauspiele wurden in der Schweiz aufgeführt, einige davon auf mehreren Bühnen. Zwei möchte ich Ihnen hier vorstellen.

Am 2. November 1940 zeigte das Schauspielhaus Zürich Kaisers im Japan einer früheren Epoche spielendes Stück *Der Soldat Tanaka,* womit das Ensemble anschliessend auch in Winterthur und Schaffhausen gastierte. In diesem Drama geht es um Armut, Ehre und Gerechtigkeit. Ein einfacher Soldat aus ländlichen Verhältnissen – seine Eltern sind Reisbauern und von Missernten geplagt – entdeckt im Freudenhaus seine eigene Schwester. Die Eltern hatten sie in die Stadt verkauft ohne zu ahnen, was dort ihr Schicksal sein würde. Im Bordell beansprucht nun Tanaka seine Schwester für sich, um mit ihr zu reden und sie zu beschützen. Doch sie wird auch von einem Unteroffizier verlangt, dem Tanaka weichen muss. Da er keinen anderen Ausweg sieht, ersticht er sie und nachher auch den Unteroffizier. Für die Tötung des Mädchens kann er vom Militärgericht nicht angeklagt werden, denn das war Familiensache. Aber wegen des Mordes am Unteroffizier wird er zum Tod verurteilt. Weil er aus verletzter Familienehre handelte, wie das Gericht erkennt, könnte er ein Gnadengesuch an den Kaiser richten. Das verweigert er jedoch. In einer grossen Rede vor dem Gericht kehrt er die Schuldfrage sogar um und verlangt, der Kaiser müsse sich bei seinem Volk dafür entschuldigen, dass er in seinem Reich Armut und Schande dulde. Das kann das Gericht natürlich nicht akzeptieren, und so wird Tanaka erschossen.

Die Weltwoche nannte Kaisers Drama «ein herrliches, klares, tapferes Stück». Aber die japanische Botschaft protestierte dagegen – allerdings ohne negative Folgen für Kaiser oder die Direktion des Schauspielhauses. Kurz vor Kriegsende, im Februar 1945, erlebte ein weiteres Schauspiel Kaisers in der Schweiz seine Uraufführung, das Kinderdrama *Das Floss*

Georg Kaiser: Der Soldat
Tanaka. Schauspielhaus Zü-
rich, 2. November 1940.
(Photo: Stadtarchiv Zürich)

der Medusa, und zwar in Basel. Eine Gruppe von Kindern und
Jugendlichen sind die Akteure. Sie waren auf einem Schiff, das sie von
England nach Kanada bringen sollte, aber im Ärmelkanal torpediert
wurde. Nun befinden sie sich seit Tagen in einem Rettungsboot und
hoffen auf Hilfe. Durch eine Flaschenpost haben sie sich bemerkbar
gemacht. Das älteste der Mädchen ist aber überzeugt, dass jede Hilfe
ausbleibt, weil sie ihrer dreizehn an der Zahl sind. Das Los soll
entscheiden, wer geopfert werden muss. Der älteste der Jungen, der das
Mädchen liebt, organisiert die grausame Wahl, bricht sie jedoch ab und
wirft die Lose ins Meer, als er bemerkt, dass das von ihm geliebte
Mädchen das Unglückslos gezogen hat. – Nun folgt das kindliche Spiel
einer Hochzeit, die die beiden Liebenden miteinander feiern. Aber als
sie in einem kleinen Zelt verschwinden, wird das schwächste der Kinder
von den anderen ins Meer gestossen und ertrinkt. Der Junge ist zutiefst
erschüttert, als er das bemerkt; seine Liebste, die zugleich seine Gegen-
spielerin ist, hatte die Gruppe dazu angestiftet. Das Boot wird schliesslich von einem britischen Wasserflugzeug entdeckt und gerettet. Aber
der Junge geht nicht mit. Er will den Mord sühnen und bleibt auf dem
Boot. Als ein deutsches Jagdflugzeug auftaucht, gibt er Zeichen mit
seiner Taschenlampe und stirbt im Feuerstoss des feindlichen Maschi-
nengewehrs. – Kaiser sagte über sein Stück, hier sei «in Kindern alles
vorgezeichnet, was später die Erwachsenen vollbringen».[21]

Die Aufführung muss eindrücklich gewesen sein. Kaisers Konzept und Sprache waren realistisch und vermieden das einstige expressionistische Pathos. Der Titel des Dramas *Das Floss der Medusa* entstammte übrigens dem berühmten Gemälde des französischen Malers Théodore Géricault, das diesen Namen trägt und verhungernde und tote Schiffbrüchige auf einem Floss darstellt.

14.

Bertolt Brecht (1898–1956) braucht nicht vorgestellt zu werden. Er kam – vom beginnenden Antikommunismus aus den USA vertrieben – erst 1947 nach Zürich, wo er nicht ganz ein Jahr verbrachte und wo Max Frisch ihn kennen lernte. Seine schon lange vorher hier uraufgeführten Dramen knüpfen, im Unterschied zu jenen Kaisers, meist nicht an aktuelle Ereignisse an. Sie haben historisch oder geographisch entfernte Schauplätze, spiegeln aber immer grundsätzliche gesellschaftliche Probleme.

Am 19. April 1941 erlebte das Antikriegsstück *Mutter Courage und ihre Kinder* in Zürich seine Uraufführung. Das Echo war ungeteilt positiv. Die Emigrantin Therese Giehse begeisterte als Titelfigur ebenso wie die Darsteller der drei ihr schliesslich verloren gehenden Kinder. Und die Inszenierung auf einer Drehbühne, auf der die Händlerin und Mutter mit ihrem Planwagen durch den Dreissigjährigen Krieg zieht, wurde von Brecht später auch im Theater am Schiffbauerdamm in Berlin beibehalten. Brecht ärgerte sich allerdings über ein angebliches Missverständnis des Publikums und der Kritik. Man sah in Zürich in der Courage eine Art moderne Niobe, im Stück eine Muttertragödie, während es dem Marxisten Brecht darum ging, die Unlogik einer Kleinbürgerin zu zeigen, die meint, am Krieg verdienen und trotzdem ihre drei Kinder retten zu können. Die Tragik dieser Gestalt erweckte auch später immer wieder die Sympathie der Zuschauer und liess die von Brecht verlangte kritische Reflexion über die Unverträglichkeit von Kindesliebe und Kriegsgewinnlertum nie richtig aufkommen.

Im Jahr 1943 gab es in Zürich gleich zwei berühmte Aufführungen Brecht'scher Dramen. Die erste erfolgte am 4. Februar 1943. Es war *Der gute Mensch von Sezuan* mit der mit einem Schweizer verheirateten

Bertolt Brecht: Der gute Mensch von Sezuan. Schauspielhaus Zürich, 4. Februar 1943. (Photo: Stadtarchiv Zürich)

Maria Becker in der Doppelrolle der Shen Te und des Shui Ta und mit Heinrich Gretler als Wasserträger Wang. In diesem Spiel werden nicht mehr, wie in Hofmannsthals *Grossem Salzburger Welttheater,* die Menschen von Gott geprüft, sondern die Götter sind auf dem Prüfstand der Menschheit. Und sie versagen kläglich: Im kapitalistischen Wettbewerb erscheint es als unmöglich, permanent gut zu handeln. Shen Te, die Wohltäterin der Armen, muss sich, um zu überleben, periodisch in den gerissenen Tabakfabrikanten Shui Ta verwandeln, bis ihre Schwangerschaft dieses Doppelspiel beendet. Welche Abhilfe für das Problem gefunden werden soll, sagt das Stück klugerweise nicht. Hätte Brecht als Rezept den Kommunismus gepredigt, den er natürlich meinte, hätte das

Stück in der Schweiz mit Sicherheit nicht den Erfolg gehabt, den es 1943 in Zürich errang.

Am 9. September 1943 erlebte ein zweites Werk von Bertolt Brecht seine Schweizer Premiere: *Galileo Galilei*. Es war schon 1938/39 in Brechts dänischem Exil entstanden. Der Autor zeigt darin den Kampf des grossen Astronomen und Mathematikers mit der Kirche. Vor ihm hatte Giordano Bruno auf dem Scheiterhaufen seine der Bibel widersprechenden Beobachtungen gebüsst. Brechts Galilei fürchtet dessen Schicksal und leistet Widerruf. Aber dank diesem Verrat an der Wissenschaft gelingt es ihm, seine neuen Erkenntnisse durch einen Schüler aus dem klerikalen Italien ins freiere Holland zu schmuggeln. – Brecht hat diese optimistische «dänische» Fassung nach der Explosion der Atombombe über Hiroschima verworfen und Galileo in einer in den USA entstandenen Fassung, die mit dem Schauspieler Charles Laughton in der Hauptrolle auch verfilmt wurde, deutlich verändert. Nun wurde Galileo negativer gezeichnet, als moralisch schwacher und genusssüchtiger Mensch, der zu spät seine gefährliche Entdeckung unterdrücken möchte, aber dies nicht mehr vermag, weil sie bereits in andere Hände geraten ist. Friedrich Dürrenmatt hat dieses Motiv in seinen *Physikern* ebenfalls verwendet.

15.

Nur erwähnt seien hier abschliessend noch die von Laien in Theatervereinen veranstalteten Aufführungen von Dramen der in die Schweiz geflüchteten Autoren. Auch in den Internierungslagern ist Theater gespielt worden. So meldet zum Beispiel eine Untersuchung über antifaschistisches Kabarett, dass der wie Hochwälder im Tessin internierte Hans Teuber dort mit Kameraden einen vermutlich das Gastland satirisch unter die Lupe nehmenden Schwank *Schwejk in der Schweiz* aufgeführt habe.[22] Und ähnlich satirisch dürfte es auch in dem Stück *Wer nicht frieren kann, schadet der Heimat* von Hans Weigel zugegangen sein, das in der Saison 1942/43 in Zürich gespielt wurde.

Schliesslich möchte ich darauf hinweisen, dass in dieser Darstellung Musikdrama, Singspiel, Operette und Oper fehlen. Ich nenne ergänzend nur drei für die Operngeschichte besonders wichtige Inszenierungen: Am 14. Oktober 1933 erfolgte im Stadttheater Zürich die Aufführung von *Alexander von Zemlinskys* Oper *Der Kreidekreis* (nach einem Schauspiel von Klabund alias Alfred Henschke). Am 2. Juni 1937 war ebendort die Uraufführung der Oper *Lulu* von *Alban Berg* (nach einem Text von Frank Wedekind). Am 28. Mai 1958 erfolgte die szenische Erstaufführung der Oper *Mathis der Maler* von *Paul Hindemith* mit einem Text des Komponisten. Das waren Rettungen von Werken, die sonst noch lange ungehört und ungesehen geblieben wären.

Manches dramatische Werk, das ich hier vorgestellt habe, hatte die Erfahrung der Flüchtlingsnot zum Hintergrund. Die Emigranten vermittelten dem schweizerischen Publikum, sofern es sich dem auszusetzen bereit war, persönlich und kreativ ihr Wissen über die Vorgänge in den faschistischen Nachbarländern, Kenntnisse also, die von deren Propaganda ständig gefälscht oder ganz unterdrückt wurden. Dramen von Emigranten wirkten als Warnungen und Aufrufe zur Wachsamkeit. Sie waren geeignet, das politische und moralische Gewissen der schweizerischen Zuschauerinnen und Zuschauer zu schärfen. Und es waren Werke von mutiger Gesinnung darunter. Wenn manches heute formal antiquiert wirkt, so hatte das teilweise zum Grund, dass schon in den späten zwanziger und frühen dreissiger Jahren im deutschen Sprachgebiet, auch in der Deutschschweiz und in Österreich, eine Abwendung von der Moderne stattfand, was der NS-Diskurs von angeblicher «Entartung» der Avantgarden dann nur noch zu radikalisieren brauchte. Jürgen Schröder schreibt dazu jedoch: «Was uns Heutigen an der Exilliteratur als so irritierend traditionell und konservativ erscheint, der verbreitete Rückgriff auf alte idealistische, religiöse und individualistische Konzepte der bürgerlichen Weltanschauung, auch das ist ihr teilweise durch die Verteidigungsrolle gegen die Nazi-Barbarei aufgezwungen worden.»[23] Unsere Beispiele sind zwar mehrheitlich keiner «bürgerlichen Weltanschauung» verpflichtet, aber dennoch zumeist formal traditionell.

Brechts Stücke waren der wichtigste Beitrag eines Emigranten an die mit Kriegsende einsetzende neue Dramatik der Schweizer Frisch und Dürrenmatt, die dann über die wieder offenen Grenzen hinaus so erfolgreich wurde. Beide haben sich intensiv mit Brechts Werk auseinander gesetzt, Frisch bewundernd und Dürrenmatt kritisch. Brechts Einfluss ist aber noch in den Dramen eines Hansjörg Schneider oder Thomas Hürlimann bemerkbar.

Die Schweiz war, wie bis 1938 Österreich und die Tschechoslowakei, aber nachher auch Schweden und England, ein Asylland «wider Willen».[24] Das heisst: Flüchtlinge wurden toleriert, waren aber nicht willkommen. Dennoch fanden auch mutige Einsätze vieler Einzelner zu ihren Gunsten statt.[25] Neben den Direktoren der genannten Theater wären vor allem Redaktoren von Zeitungen und Zeitschriften sowie Verleger zu nennen, die im Wissen um die Nöte der Journalisten und Schriftsteller anonym oder unter Pseudonym Aufsätze, Rezensionen und Bücher von Emigranten druckten und honorierten.[26] Schweizer Theaterleute und Verleger retteten so geistige und künstlerische Leistungen über die dunkle Zeit hinweg vor dem Vergessen.

Anmerkungen

1   Vgl. Literatur geht nach Brot. Die Geschichte des Schweizerischen Schriftsteller-Verbandes, hg. vom Schweizerischen Schriftsteller-Verband, Redaktion: Otto Böni, André Immer, Ueli Niederer, Aarau u. a. 1987. – Ferner: Deutschsprachige Schriftsteller im Schweizer Exil 1933–1950. Katalog der gleichnamigen Ausstellung in der Deutschen Bibliothek Frankfurt am Main, veranstaltet vom Archiv für Exilforschung, Frankfurt am Main 2002.

2   Werner Mittenzwei: Exil in der Schweiz, Leipzig 1981; ders.: Exiltheater in der Schweiz, in: Handbuch des deutschsprachigen Exiltheaters 1933–1945, hg. v. Frithjof Trapp, Werner Mittenzwei, Henning Rischbieter, Hansjörg Schneider, Bd. 1: Verfolgung und Exil deutschsprachiger Theaterkünstler, München 1999, S. 259–288.

3   Julius Hay: Geboren 1900. Aufzeichnungen eines Revolutionärs, München, Wien 1977.

4   Vgl. Rudolf Frank: Spielzeit meines Lebens, Heidelberg 1960; ferner: Spielzeit eines Lebens. Studien über den Mainzer Autor und Theatermann Rudolf Frank (1886–1979), hg. v. Erwin Rotermund, Mainz 2002. Dieser Band enthält leider keinen Hinweis auf Franks Mitarbeit an dem hier besprochenen Flüchtlingsdrama. Den Hinweis auf Halbert verdanke ich dem Katalog von Frank Wende: Deutschsprachige Schriftsteller im Schweizer Exil 1933–1950. Eine Ausstellung des Deutschen Exilarchivs 1933–1945 in der Deutschen Bibliothek Frankfurt am Main, Wiesbaden 2002.

5   Albert Rudolph: Kraft durch – Feuer. Die Nacht vom 9. November 1938. Vier Akte, Zürich, New York 1939, S. 5.

6   Ernst Toller: Pastor Hall. Schauspiel. Geschrieben 1938, in: Gesammelte Werke, Bd. 3: Politisches Theater und Dramen im Exil 1927–1939, hg. v. John M. Spalek und Wolfgang Frühwald, München, Wien 1995. – Toller verarbeitete darin die Leidensgeschichte des Gründers des deutschen Pfarrernotbundes Pastor Niemöller, der überlebte; eine zweite Hauptfigur ist dem jüdischen Intellektuellen Erich

Mühsam nachgebildet, der 1934 im Konzentrationslager Oranienburg zu Tode
geprügelt wurde.

7 Ferdinand Bruckner: Die Rassen, Zürich 1934.

8 Vgl. Curt Riess: Das Schauspielhaus Zürich. Sein oder Nichtsein eines ungewöhn-
lichen Theaters. Mit 100 Photos und den Spielplänen von 1933 bis heute, München,
Wien 1988, S. 90.

9 Hermann Broch: Die Entsühnung. Trauerspiel in drei Akten und einem Epilog.
Bühnenfassung, in: Kommentierte Werkausgabe, hg. v. Paul Michael Lützeler,
Bd. 7, Frankfurt am Main 1979.

10 Ebd., S. 156.

11 Einen ähnlichen Verlauf nimmt der Kampf um moralische Prinzipien der Firmen-
politik in Werner Johannes Guggenheims Drama *Bomber für Japan* (Uraufführung
am 22. Januar 1938 im Städtebundtheater Biel-Solothurn). Einen Neudruck dieses
interessanten Dramas gegen schweizerische Waffenausfuhren in aggressive Staaten
enthält der Band: Kein einig Volk. Fünf schweizerische Zeitstücke 1933–1945, hg.
v. Ursula Käser-Leisibach und Martin Stern, Bern, Stuttgart, Wien 1993, S. 93–181.

12 Zu Silones Aufenthalt in Zürich vgl. Gustav Huonker: Literaturszene Zürich.
Menschen, Geschichten und Bilder 1914 bis 1945, Zürich 1985, S. 152–158.

13 Lotar kommt in dem DDR-Band *Exil in der Schweiz* von Werner Mittenzwei
überhaupt nicht vor, vermutlich aus politischen Gründen: Er stellte nach dem
Einmarsch der Warschaupakttruppen 1968 ein Gedenkbuch über den Prager
Frühling zusammen.

14 Leo Delsen (eigentlich Leo Igelson) hatte allerdings schon 1927 die Direktion des
Städtebundtheaters übernommen, an dem er bemerkenswert viele schweizerische
Dramatiker aufführte. Darunter waren Walter Richard Ammann, Emil Andres,
Cäsar von Arx, Werner Rudolf Beer, Jakob Bührer, Werner Johannes Guggenheim,
Heinrich Lüthi, Hermann Ferdinand Schell, Arnold H. Schwengeler, Jakob
Stebler, John F. Vuilleumier und Albert Jakob Welti; vgl. dazu Anna Dorothea
Noser-Hasler: Die Direktion unter Leo Delsen 1927–1954, in: Hans Sigrist et al.:
50 Jahre Städtebundtheater Biel-Solothurn, Biel 1977, S. 42 ff.

15 Vgl. Peter Lotar: Das Land, das ich dir zeige, Zürich 1985, S. 92 ff.

16 Hans Sahl: Das Exil im Exil, Frankfurt am Main 1990, S. 39.

17 Wie verschollen er ist, zeigt der fehlerhafte Eintrag im Band *Exil in der Schweiz*
von Werner Mittenzwei (wie Anm. 2); er lautet auf S. 431 «Treichlinter, Wilhelm
Michael».

18 Vgl. Martin Stern: Nestroy und Horváth oder Happy End für Staatenlose. Zu Text
und Uraufführung von Horváths Komödie *Hin und her* in Zürich 1934, in:
Nestroyana 22/1–2 (2002), S. 43–53.

19 Auf zwei weitere, von Hochwälder in der Exilzeit in der Schweiz verfasste Dramen
will ich hier nur noch hinweisen: Ein gemeinsam mit Hans Weigel unter dem
Decknamen Alice Rossier verfasster Schwank, *Der Astrolog vom Niederdorf,*
wurde in der Spielzeit 1942/43 im Corso-Theater Zürich erfolgreich aufgeführt. –
Die Dramatisierung einer sozialkritischen Novelle von Guy de Maupassant mit
dem Titel *Hôtel du Commerce* entstand in der Schweiz, wurde aber erst im Februar
1946 in Prag uraufgeführt. – Ein Kammerspiel für drei Personen mit dem Titel *Der
Flüchtling* erlebte im September 1949 am Städtebundtheater Biel-Solothurn seine
Uraufführung. Vgl. dazu Dieter Schoss: Fritz Hochwälder, in: Österreichische
Literatur des 20. Jahrhunderts, hg. v. Horst Haase et al., Berlin-Ost 1988, S. 486.

20 Vgl. Rolf Kieser: Erzwungene Symbiose. Thomas Mann, Robert Musil, Georg Kaiser, Bertolt Brecht im Schweizer Exil, Bern, Stuttgart 1984.

21 Vgl. Rudolf Adolph: Das Exilschaffen Georg Kaisers, in: Die Quelle 2 (1948), S. 61.

22 Reinhard Hippen: Satire gegen Hitler. Kabarett im Exil, Zürich 1986, S. 49.

23 Jürgen Schröder: Das Spätwerk Ödön von Horváths, in: Ödön von Horváth, hg. v. Traugott Krischke, Frankfurt am Main 1981, S. 129.

24 Vgl. Asylland wider Willen. Flüchtlinge in Österreich im europäischen Kontext seit 1914, hg. v. Gernot Heiss, Oliver Rathkolb, Wien 1995.

25 Vgl. Peter Kamber: Geschichte zweier Leben: Wladimir Rosenbaum, Aline Valangin, Zürich 2000.

26 Vgl. Emil Stahlberger: Der Zürcher Verleger Emil Oprecht und die deutsche politische Emigration 1933–1935, Diss. Zürich 1970.

«Ich suche allerlanden eine Stadt»

Else Lasker-Schüler im Exil

Martin Dreyfus

«Julia Wassermann (d. i. Jakob Wassermanns erste, von ihm geschiedene Frau) wohnte damals uns schräg gegenüber in der kürzlich abgerissenen Bollerei, die sich auch durch die Anwesenheit von Else Lasker-Schüler mehr oder weniger angenehm bereichert fand. Beide Damen wohnten nach hinten, und man sah sie am Fenster nie, wohl aber fast täglich unten auf der Schifflände.

Else Lasker-Schüler, warum soll man das nicht sagen, war als Mensch ein kleines Greuel und alles andere als ein ‹Prinz von Theben›. Unzählige Anekdoten sind über sie festgehalten, die von der Bestürztheit der Menschen zeugen, wie denn diese kleine Stachelbeere so schöne Gedichte habe schreiben können! In einem unserer Salons sah sie eine ihr unbekannte Dame mit einem Hündchen an der Leine durch die Tür treten. Vorgestellt, mass sie diese von Kopf bis Fuss und sagte kalt: ‹Das einzig Sympathische an Ihnen ist ihr Hund!› Und es mag ja sein, dass die arme reiche Dame ihren Reichtum nicht zu tragen wusste, aber die Lasker-Schüler war auch mit den ärmsten Leuten so. Eines Tages erscheint sie vor dem Fensterchen der Zeitungsfrau am Bellevuekiosk und verlangt eine Briefmarke. Die Zeitungsfrau verkauft sonst keine Briefmarken aber zufällig hat sie eine und diese gibt sie ihr. Aber nun streckt die kleine Else den Brief durch das Fensterchen und befiehlt: ‹Kleben sie sie drauf!› Nicht faul erwidert die Zeitungsfrau: ‹Kleben sie sie selber.› Hell erbost droht die Verseschmiedin, sie bei ihrem ‹Freund› Korrodi zu verzeigen, der schon dafür sorgen werde, dass sie ihre Stelle verliere. Der Ausspruch ist närrisch, aber auf die Zeitungsfrau macht er Eindruck, erschrocken läuft sie zu Korrodi. Dieser geht in die Lüfte, ergreift die Besprechung des ‹Hebräerbuches›, die schon druckfertig auf dem Tisch liegt, zerreisst sie vor ihren Augen und wirft sie in den Papierkorb. Und erzählt nachher die Geschichte in der ganzen Stadt. Als

Die Schifflände mit dem Café Select, dem Hotel Seehof-Bollerei und dem Rabenhaus. (Photo: Baugeschichtliches Archiv, Zürich)

Mensch ein böser Gnom – erst wenn man das festgestellt hat, darf man der Welt den Wert der Poesie dieses Wichtes auseinandersetzen.»[1]
Der das in seinem 1963 erstmals publizierten Buch *Bei uns im Rabenhaus* niederschrieb, war selbst ein in seinen Charakterisierungen nicht unumstrittener Chronist der Zürcher Literaturszene der dreissiger Jahre: Rudolf Jakob Humm, und auch der erwähnte Eduard Korrodi, damaliger Feuilletonchef der *Neuen Zürcher Zeitung,* ist wohl nicht der erste «Kronzeuge». Dokumentiert sei Letzteres, bevor ich auf Else Lasker-Schüler weiter eingehe, zunächst anhand des von Thomas Sprecher erwähnten Versuches Gottfried Bermann-Fischers, sich mit seinem Verlag in der Schweiz zu etablieren, einer Episode, welche gleichzeitig ein Licht auf die damalige «Stimmung» in der Schweiz, nicht zuletzt jüdischen Emigranten gegenüber, wirft.
Die Versuche, deutsche, in jüdischem Besitz befindliche oder unter jüdischer Leitung stehende Verlage in die Schweiz zu transferieren, scheiterten zumeist am Widerstand der Schweizer Verleger und der Fremdenpolizei.
Als 1936 der dem George-Kreis nahe stehende Schriftsteller und Claudel-Übersetzer Edwin Maria Landau mit seinem Verlag «Die Runde» in die Schweiz kommen wollte, wurde dies von der Fremden-

polizei mit dem lakonischen Hinweis abgelehnt, der Verlag sei für die Schweiz «von keinem besonderen Interesse». Es half in diesem Fall Landau auch nicht, dass sich der Basler Verleger Benno Schwabe für ihn einsetzte.

Das bedeutendste Beispiel einer verhinderten Verlagsgründung in der Schweiz ist wohl jenes Gottfried Bermann-Fischers, Samuel Fischers Schwiegersohn, der den in Deutschland nicht mehr erwünschten Teil des S. Fischer Verlages vor allem mit den jüdischen Autoren in die Schweiz bringen wollte.

Eine trübe Rolle spielte dabei der damalige Feuilletonredaktor der *Neuen Zürcher Zeitung*. Am 11. Januar 1936, zu einem Zeitpunkt, als sich Gottfried Bermann-Fischers Versuch, sich mit seinem Verlag in der Schweiz niederzulassen, in einer entscheidenden Phase befand, veröffentlichte der Publizist Leopold Schwarzschild in seiner Pariser Exilzeitschrift *Das neue Tagebuch* einen ausserordentlich gehässigen, gegen Bermann-Fischer gerichteten Artikel, dem er sein bisheriges Verbleiben in Deutschland vorwarf. Schon ein Jahr zuvor, im Januar 1935, war eine Polemik im *Neuen Tagebuch* und der Basler *National-Zeitung* vorausgegangen, die nunmehr offenbar wieder aufgenommen werden sollte, nachdem sie im Jahr zuvor durch Erklärungen von Annette Kolb und Hermann Hesse beigelegt schien. Dieser neue Artikel führte zu einer Gegenerklärung, in der sich diesmal Thomas Mann, Hermann Hesse und Annette Kolb für ihren Verleger Bermann-Fischer einsetzten. Diese beiden Veröffentlichungen zogen den bekannten Artikel Eduard Korrodis *Deutsche Literatur im Emigrantenspiegel* in der *Neuen Zürcher Zeitung* vom 26. Januar 1936 nach sich, in welchem er unter anderem Thomas Mann gegen die übrige «Emigrantenliteratur» glaubte in Schutz nehmen zu müssen. Dieser Beitrag wiederum führte zu der Antwort Thomas Manns, in der sich dieser zur Emigration (und deren Literatur) bekannte. In dieser Antwort an Korrodi schreibt Thomas Mann unter anderem: «Ich füge ihr (– meiner Liste –) die Namen Bert Brechts und Johannes R. Bechers hinzu, die Lyriker sind – weil Sie nämlich sagen, Sie wüssten nicht einen ausgewanderten Dichter zu nennen. Wie können Sie das, da ich doch weiss, dass Sie in Else Lasker-Schüler eine wirkliche Dichterin ehren?»[2] Die deutsche Reaktion auf dieses Bekenntnis Thomas Manns war seine Ausbürgerung und die Aberkennung der Ehrendoktorwürde der Universität Bonn.

Hermann Hesse schrieb in einem Brief am 13. Februar 1936 aus Montagnola im Anschluss an die «Schwarzschild-Korrodi-Affäre» an Thomas Mann: «Korrodi schrieb mir gestern, es scheint als wisse er, dass Bermanns Zürcher Pläne gescheitert wären. Da ich davon nichts weiss, glaube ich es vorläufig nicht. Korrodi wendet sich an mein Schweizer Gewissen und begreift nicht, dass ich dem Fremden und Juden Bermann in Zürich die Stange halte.»[3]

Darauf erwiderte Thomas Mann am 16. Februar aus Küsnacht: «Korrodi ist eine ganz tückische, kleine Madame. Uns hat er dringend geraten, wir möchten doch trachten, dass Sie und Bermann zusammen den Verlag gründeten, denn ein Schweizer müsse dabei sein, sonst ginge es nicht. Und Sie warnt er nun, sich für Fremde und Juden einzusetzen. Rascher[4] macht es ähnlich: er wollte sich durchaus mit Bermann assoziieren. Jetzt arbeitet er am eifrigsten gegen seine Niederlassung. Dass die Menschen nicht über sich selber lachen müssen.»[5]

Vor dem Nationalsozialismus zunächst in die Schweiz emigrierte Autoren wie Thomas Mann, Alfred Döblin, später dank Hermann Kesten auch Joseph Roth und andere sind nach wie vor in unserem Bewusstsein. Auch Ernst Bloch, Hans Mayer oder Stephan Hermlin, während der Zeit des Dritten Reiches im Exil in der Schweiz, sind auf dem Buchmarkt und den Lesern präsent. Aber schon Autoren wie Walter Mehring, Jo Mihaly und Ulrich Becher – dessen gemeinsam mit Peter Preses 1944 verfasstes Theaterstück *Der Bockerer* nach seiner Wiederaufführung in Mannheim 1982 ein (vom Autor noch erlebter) grosser Erfolg wurde – sind vielen kaum geläufig, obschon ihre Bücher in den letzten Jahren wieder aufgelegt wurden. Und wenige wissen (noch), dass Alfred Mombert, Bruno Schönlank, Jakob Haringer, Ferdinand Hardekopf, Alexander Moritz Frey oder Hans Sahl Emigranten in der Schweiz waren.

Über die Entstehung seines Chorwerkes *Jemand,* 1938 in Zürich uraufgeführt, beziehungsweise seine damaligen Lebensumstände gibt Hans Sahl in seinem Buch *Das Exil im Exil* die folgende Schilderung: «Inzwischen war meine Aufenthaltserlaubnis für die Schweiz wieder abgelaufen. Die Versuche, sie zu erneuern, misslangen. Ein junger Dichter, Emil Gerber, brachte mich in einem Bauernhaus in Küsnacht unter. Nicht weit von dem Bauernhaus wohnte er mit einer Freundin, die Malunterricht in einem Heim für Epileptiker erteilte. Ich fuhr zu

Else Lasker-Schüler, Porträt von
Leonhard Steckel, Zürich 1937.

dem Bauernhaus am Zürichsee, wo man mir eine Dachstube zuwies, die
leider nicht geheizt werden konnte. Die Nächte waren so kalt, dass am
Morgen das Wasser im Krug gefroren war, was mich zu den beiden
Anfangszeilen in einem Song meines Chorwerkes ‹Jemand› inspirierte,
‹Wenn die Nächte kälter werden und im Krug das Wasser gefriert …›.
Manchmal sah ich beim Schein einer Petroleumlampe die Nebel vom
Zürichsee durch die Dachstube wandern. Wenn ich mich ins Bett legte,
zog ich alles an, was ich besass: Unterwäsche, Hosen, Jacken und
Mäntel. Ich entsinne mich, dass ich einmal zwei Stühle über das Bett
legte, weil ich trotz allem noch vor Kälte zitterte.»[6]
Nach diesen Hinweisen auf die Lage der damaligen Emigranten und die
«Stimmungslage» in der Schweiz komme ich zurück auf Else Lasker-
Schüler.
Es gibt durchaus freundlichere wenn auch nicht unbedingt weniger
kritische Beschreibungen von Else Lasker-Schülers Zürcher Aufenthalten, als jene eingangs zitierte, etwa von ihrem langjährigen Freund –
noch aus Berliner Tagen – Ernst Ginsberg, der 1951 eine erste grosse
Werkauswahl im Kösel Verlag herausgab und in seinem Buch *Abschied*
unter anderem die folgende Erinnerung überliefert:

«Ein ganz anderes absonderliches Abenteuer hatte die Mutter meiner Frau mit Else Lasker-Schüler in Zürich. Die alte Dichterin forderte sie auf, mit ihr zu Jelmoli zu gehen. Dort dürfe sie ohne Bezahlung mitnehmen was sie wolle. Neugierig, aber doch mit einigem Herzklopfen, ging meine Schwiegermutter mit der Lasker von Tisch zu Tisch, bis diese plötzlich vor einem Lager mit hübschen Fichus stehen blieb. Sie suchte eines aus, nahm es ruhig vom Verkaufstisch, winkte dem gerade mit einer anderen Käuferin beschäftigten Fräulein zu, das ihr freundlich zurückwinkte, und ging mit meiner erstaunten Schwiegermutter davon. Später erfuhren wir, dass der Besitzer des Warenhauses an der Dichterin einen Narren gefressen und ihr tatsächlich für bestimmte Artikel diese Freiheit erlaubt hatte.»

Und Ernst Ginsberg weiter: «Einer ihrer bezauberndsten Züge war ein kindlicher, schelmischer Humor. Sie konnte zwar in einem echten Sinne sehr feierlich sein, aber manchmal wurde sie unvermittelt listig-lustig wie ein Kind. Vor ihrer Reise nach Israel sagte sie zu mir: ‹Wat sagn se, Kaplan, nu hab eck mein Leben lang von Israel jedichtet. Un nu komm eck wirklich hin. Denken se wenn eck morjens aufwache, un dann hör eck draussen ‹klingeling, klingeling, klingeling› un dann jehn unten richtje Kamele vorbei – oder glauben se, et jibt jar keene mehr un eck bin dat einzje?›»[7]

Am bekanntesten, zugleich wohl am unwahrsten ist jene sich am hartnäckigsten haltende Geschichte von den ersten Nächten nach ihrer Flucht aus Deutschland, welche Else Lasker-Schüler auf einer Parkbank am See zugebracht haben soll.

Woher diese «Überlieferung» rühren mag, kann noch einmal eine Erinnerung von Ernst Ginsberg erweisen, der damit zugleich eine Einschätzung von Else Lasker-Schülers Verhältnis zu ihrer eigenen Lyrik verbindet: «An einem frühen regnerischen Zürcher Morgen, den ich nie vergessen werde, läutete es etwa um 6 Uhr morgens an unserer Tür. Als ich öffnete, stand draussen sichtlich erregt und verstört Else Lasker-Schüler, das nasse Haar ins Gesicht hängend. Sie entschuldigte sich für ihr frühes Kommen und bat, mir ein Gedicht vorlesen zu dürfen, das in dieser Nacht entstanden sei. Ich bat sie hereinzukommen. Sie setzte sich, durchnässt wie sie war, mit Mantel und Tigerfellmützchen auf die Couch und las mir das Gedicht ‹Die Verscheuchte› – damals noch unter dem Titel ‹Das Lied der Emigrantin› – vor. Dann fragte sie mich abrupt: ‹Wie finden se dat?› Ich äusserte meine Erschütterung, aber sie unterbrach mich schnell: ‹Nein, nein! Nich ob et ihnen jefällt, sondern› – und sie zeigte auf einen bestimmten Vers – ‹was heisst denn dat hier? dat hier?› In der Annahme, die Dichterin wünsche nur eine Bestätigung für die Klarheit ihrer Worte, erklärte ich, was ich als Gehalt dieser Stelle verstand. Da sah sie mich mit grossen Augen an und meinte staunend, in dem singenden Tonfall ihres Elberfelder Dialektes: ‹Ja, Jung, so kann dat jemeint jewesen sein!›»[8]

Das Lied der Emigrantin – Die Verscheuchte

Es ist der Tag im Nebel völlig eingehüllt,
Entseelt begegnen alle Welten sich –
Kaum hingezeichnet wie auf einem Schattenbild.

Wie lange war kein Herz zu meinem mild …
Die Welt erkaltete, der Mensch verblich.
Komm bete mit mir – denn Gott tröstet mich.
Wo weilt der Odem, der aus meinem Leben wich?
Ich streife heimatlos zusammen mit dem Wild
Durch bleiche Zeiten träumend – ja ich liebte dich …

Wo soll ich hin, wenn kalt der Nordsturm brüllt?
Die scheuen Tiere aus der Landschaft wagen sich
Und ich vor deine Tür, ein Bündel Wegerich.

Bald haben Tränen alle Himmel weggespült,
An deren Kelchen Dichter ihren Durst gestillt –
auch du und ich.[9]

Else Lasker-Schüler kam am 19. April 1933 in die Schweiz, wo sie sich zunächst in Zürich, den Sommer über in Ascona aufhielt. In Ascona lebte sie bei Paul Bachrach und seiner Frau –, den Eltern der Tänzerin Charlotte Bara, in deren Privattheater San Materno Else Lasker-Schüler ihre Gedichte vortrug.
Sie hatte von früheren Aufenthalten her unter anderem auf der Suche nach Linderung und Erholung mit und für ihren über alles geliebten

Sohn Paul und von Lesereisen seit den zwanziger Jahren, Bekannte und
Fürsprecher in Zürich. So setzten sich vor allem der Buchhändler und
Verleger Emil Oprecht und der Berner Jurist Emil Raas für sie ein, nicht
zuletzt bei den Behörden, welche sich der zweifellos auffällig erscheinenden «Petentin» gegenüber wenig kulant, der Dichterin gegenüber
ignorant zeigten. Die Schweizer Fremdenpolizei behandelte die nicht
gerade bürgerlich auftretende Dichterin, welche kein Vermögen nachweisen konnte und kaum über Einkommen verfügte – letzteres war, da
wie erwähnt den Emigranten bei Androhung der Ausweisung strikte
jede Erwerbstätigkeit untersagt war, auch nicht möglich – zumindest
schikanös. Sie musste regelmässig ihren Aufenthaltsort nachweisen, um
die Aufenthaltsgenehmigung verlängern zu lassen. Das Hin und Her mit
den Aufenthaltsbewilligungen (aber Arbeitsverboten) ist kaum darzustellen. Else Lasker-Schüler musste, wie andere weniger reputierte
Emigrantinnen und Emigranten, etwa Hans Sahl, die Schweiz jeweils
nach einigen Monaten Aufenthalt wieder verlassen. So fährt sie im März
1934 ein erstes Mal über Alexandria nach Palästina. Im Juli 1934 kehrt
sie zurück in die Schweiz. Hier beginnt sie mit der Arbeit an ihrem Buch
Das Hebräerland. Im Sommer 1935 hält sie sich, wie schon im Sommer
1933, in Ascona auf. Erst im September 1936 ist sie wieder in Zürich
angemeldet, wo im Dezember ihr Theaterstück *Arthur Aronymus und
seine Väter* nach ihrem 1932 erschienenen Buch *Arthur Aronymus. Die
Geschichte meines Vaters,* am Schauspielhaus uraufgeführt, nach nur
einer weiteren Vorstellung aber wieder abgesetzt wird. Eine vom
Schauspielhaus 1937 geplante Aufführung ihres Stückes *Die Wupper*
kam damals nicht mehr zustande (und wurde erst vor einigen Jahren
sozusagen «nachgeholt»).
Ohne die moralische und finanzielle Unterstützung von Oprecht,
Marcel Fleischmann, Aline Valangin und Wladimir Rosenbaum und
besonders im Falle von Else Lasker-Schüler von Emil Raas hätten viele
Emigranten in der Schweiz damals kaum überleben können.

Palästina/Israel

Im April 1939 brach Else Lasker-Schüler zu ihrer dritten, auf drei
Monate geplanten Reise nach Palästina auf. Der Ausbruch des Krieges

verhinderte die (ohnehin unsichere) Rückkehr in die Schweiz endgültig. In den beiden folgenden Jahren arbeitete sie an ihrem nachgelassenen letzten Theaterstück *ich und ich,* welches nach einigen weitgehend unautorisierten Lesungen in den sechziger Jahren erst 1970 in gedruckter Form erschien. Ähnlich wie Max Brod bei Franz Kafka versuchte auch Else Lasker-Schülers Nachlassverwalter, der Lyriker Manfred Sturmann, ein bestimmtes Bild der Dichterin zu überliefern, dem *ich und ich* kaum entsprach. In Palästina lebte Else Lasker-Schüler, wie zuvor schon in der Schweiz auf die Unterstützung von Freunden und – hier *auch* – der Behörden angewiesen, unter erbärmlichen Bedingungen. Vergleicht man Aufnahmen der stattlichen Frau – die sich allerdings in amtlichen Dokumenten um Jahre jünger ausgab, als sie tatsächlich war – aus der Zeit in Zürich mit den Zeichnungen, die Miron Sima in Jerusalem (da sie sich nicht mehr fotografieren lassen wollte) von ihr anfertigte, erhält man eine Vorstellung davon, wie sehr sie an ihrem Emigrantendasein und ihrer Vereinsamung gelitten haben muss.
Schalom Ben Chorin hält eine Begegnung mit Else Lasker-Schüler in Jerusalem am 16. Juni 1937 anlässlich ihrer zweiten Palästinareise mit folgenden Worten fest: «Ich muss gestehen, dass der erste persönliche Eindruck der Frau, deren Verse ich tief verehre, ein erschütternder war. Ein müder Mensch, dessen Antlitz von zerstörter Schönheit zeugt und in dessen grossen schwarzen Shulamit-Augen der Wahnsinn aufloderte, sass mir gegenüber. (Es ist eigentlich kein Sitzen, sondern mehr ein Kauern.) Ich wurde stark an wahrsagende Zigeunerinnen erinnert, ja dieser Eindruck wurde durch die exzentrische Kleidung der Frau (Pelzmütze im drückend heissen Sommer und übergrosse knallrote Ohrringe) noch erhöht. – Etwas Müdes, Gehetztes, von namenloser Furcht Getriebenes beherrschte diese (kein anderes Wort ist hier tauglich) gequälte Kreatur.»[10]
Einige Vortragsabende, unter anderem in dem von ihr gegründeten «Kraal», zu dessen Veranstaltungen sie die von ihr handgeschriebenen Einladungen bei den wenigen Freunden persönlich vorbeibrachte, bildeten eine bescheidene Quelle der Unterstützung. Der von Moritz Spitzer[11] in seinem kleinen Verlag in einer Auflage von nur 330 Exemplaren herausgegebene Gedichtband *Mein blaues Klavier* mit Gedichten aus den Jahren der Emigration war ihre letzte Buchpublikation.

Nachdem Else Lasker-Schüler bereits im Sommer 1944 erkrankt war, musste sie nach einem schweren Herzanfall am 16. Januar 1945 in das (1934–1939 vom aus Deutschland emigrierten Architekten Erich Mendelsohn erbaute) Hadassah-Krankenhaus auf dem Mount Scopus gebracht werden, wo sie am 22. Januar 1945, 75 Jahre alt, starb und auf dem Ölberg beigesetzt wurde. Der Schnellstrasse, die 1960 quer über den jüdischen Friedhof als Zufahrt zum neu erbauten Hotel Intercontinental errichtet wurde, fiel auch das Grab Else Lasker-Schülers zum Opfer. Erst 1969 konnte der wiederaufgefundene Grabstein erneut gesetzt werden.

Ich weiss

Ich weiss, dass ich bald sterben muss
Es leuchten alle Bäume
Nach langersehntem Julikuss

Fahl werden meine Träume –
Nie dichtete ich einen trüberen Schluss
In den Büchern meiner Reime.

Eine Blume brichst Du mir zum Gruss –
Ich liebte sie schon im Keime.
Doch ich weiss, dass ich bald sterben muss.

Mein Odem schwebt über Gottes Fluss –
Ich setze leise meinen Fuss
Auf den Pfad zum ewigen Heime.[12]

Dieses Gedicht aus Else Lasker-Schülers letztem Gedichtband findet sich neben jenem *Jerusalem* betitelten aus der gleichen Sammlung auch in einem Bändchen der Schriftenreihe *Über die Grenzen*. Die gleichnamige Zeitschrift wurde 1944/45, als gegen Ende des Krieges die Publikationsvorschriften in der Schweiz etwas gelockert wurden, «von Flüchtlingen für Flüchtlinge», wie es im Untertitel hiess, herausgegeben. Else Lasker-Schülers Gedichte finden sich hier neben Beiträgen von Jo Mihaly, Hermann Adler, Stephan Hermlin und Jakob Haringer mit dem

Hinweis, alle in der Sammlung Vertretenen hätten in den letzten Jahren Asyl in der Schweiz gefunden, wo sie heute noch lebten mit Ausnahme von Else Lasker-Schüler, welche vor kurzem in Palästina gestorben und deren beide abgedruckten Gedichte ihrem letzten noch unveröffentlichten Werk entnommen seien.[13]

In einem späteren Beitrag über die von Thomas Mann im Zürcher Verlag von Emil Oprecht mitbegründete, von 1937 bis 1940 erschienene Exilzeitschrift *Mass und Wert* merkt der damalige Redaktor Ferdinand Lion selbstkritisch an: «Ein Redaktor verstrickt sich immer in Schuld. [...] Schmerzvoller ist das Unrecht, mit dem Else Lasker-Schüler überschwiegen wurde, sie drängte zur Veröffentlichung ihrer letzten Gedichte an dieser Stelle; es wäre ihr eine Genugtuung für viele Leiden gewesen. Aber es lag F[erdinand] L[ion] daran, ‹Mass und Wert› von den ‹Weissen Blättern› und der Schule des Expressionismus abzutrennen. Er übersah, dass diese Poetin, jenseits von jeder Schule ein west-östlicher Diwan war.»[14]

Bekannt sind von Else Lasker-Schüler nicht erst aus den Tagen der Emigration vor allem so eindrückliche, eher schwermütige Verse oft «religiösen» Inhaltes. Aber nicht nur Ernst Ginsberg weist darauf hin: Else Lasker-Schüler muss trotz der sie fast zeitlebens schwer belastenden Umstände ihrer Existenz, neben ihrer blühenden Phantasie auch über eine gute Portion Witz und (Selbst-)Ironie verfügt haben. Davon zeugen unter anderem auch Aufzeichnungen von ihren Aufenthalten in Zürich.

Rudolf Jakob Humm erwähnt es: Man sah Else Lasker-Schüler beinahe täglich auf der «Schifflände», dem Platz zwischen dem Rabenhaus und dem Café «Select» beziehungsweise dem Kino Nord-Süd. Else Lasker-Schüler war nicht nur eine leidenschaftlich begeisterte Kinobesucherin (der spätere Zürcher Antiquar Hans Bolliger, damals Lehrling in der Buchhandlung von Emil Oprecht, begleitete sie), sondern darüber hinaus auch mit Anna Indermauer befreundet, welche als damals erste und einzige Frau ein Kino führte, das heisst in diesem Fall nach Pariser Vorbild, wo sie sich in den Jahren zuvor aufgehalten hatte, programmierte. Dort hielt Else Lasker-Schüler am 20. März 1938 eine ihrer verschiedenen Vortragsveranstaltungen und Lesungen in Zürich. (Der Eintritt kostete, nebenbei bemerkt, 1.10 Franken beziehungsweise 1.65 Franken.)

Cinéma Nord Süd (Matinée 20. März 1938)

Ich bin in Nord-Süd verliebt
Bewundere schon am Morgen
Ann Indermauers selbstentworfene Plakate.

Komm mit mir in das Cinéma
Dort findet man was einmal war
    die Liebe
Liegt meine Hand in deiner Hand
Ganz übermannt im Dunkel
Trompetet wo ein Elephant
urplötzlich aus dem Dschungel
Und schnappt nach uns aus heissem Sand
auf seiner Filmenseide
Ein Krokodilweib, hirnverbrannt
Dann küssen wir uns beide.[15]
Das benachbarte Café «Select» ist seinerseits Gegenstand eines längeren
Gelegenheitsgedichtes, welches sich anlässlich der Vorbereitungen zur
Else-Lasker-Schüler-Ausstellung des Deutschen Literaturarchives Mar-
bach in Zürich 1995 ebenfalls in einem bei der Buchhandlung Oprecht
abgestellten, «vergessenen» Koffer Else Lasker-Schülers fand:

Tagebuchaufzeichnungen Zürich

In aller Sprache Dialekt
Willkommen Cafébar Select
Es spielen Schach an einigen Tischen
und sitzen, sitzen in den Nischen
und sitzen, sitzen, sitzen unentwegt
wenn erst das Schinkenbrot zerlegt
beim sitzen,
dann sitzen, sitzen, sitzen, sitzen sie erst recht!
Es stört sie nicht das Radio, der Ruf im Telefon
Es sitzt der Vater gegenüber seinem Sohn
bei gutem und bei schlechtem Wetter

der fette Vetter seinem fetteren Vetter.
Und das beginnt beim achten Glockenton,
kühl weht der Wind durch Ritzen aller Türen
sie sitzen meistenteils zu vieren
vom Schachzug abgehärtet schon
und sitzen stumm –
Schachkönigin im Delirium!
Wär ich die Königin ich lief davon.
Ich liess' sie sitzen vor den Brettern
mit ihren holzgeschnitzten Göttern
und eilte auf des Hauptbahnhofs Perron
und liess sie weiter sitzen, sitzen, sitzen bon!!!
Und sitzen meinetwegen noch die ganze Nacht –
es schweigt ihr Hund
sinfonisch und in Lettern.
Ich bin schon zweimal eingeschlafen und erwacht.
Hingegen lieber besser für den Scat
heg ich Interesse dann und wann.
Vier Selectaner spielen g'rad.
So schade dass ich dieses Spiel nicht spielen kann
Es fehlt so oft der vierte Mann.[16]

Dabei konnte die «Cafébar Select» mit Berlin kaum mithalten, worauf etwa die folgende Stelle in den Aufzeichnungen aus dem Jerusalemer Nachlass hinweist: «In unserem Romanisches Cafehauses weiland verlorenem Heimatland, Urenkeltochter, ‹Züricher Selektbar›, sind wir verscheuchten Dichter, Maler, Musiker und Bildhauer, vis a vis der Limmat, zwischen nicht verscheuchten Dichtern, schweizer Malern und Bildhauern zu finden. Einlullende Radiomusik wiegt unsere Emigration leise ein. Und warten, warten auch hier auf das Wunder.»[17]
Im Herbst 1937 war Else Lasker-Schüler von ihrer zweiten Reise nach Palästina nach Zürich zurückgekehrt, wo einerseits die Aufführung ihres Theaterstückes *Die Wupper* am Schauspielhaus geplant war, andererseits ihr Buch *Das Hebräerland* bei Emil Oprecht erschien.

Das Hebräerland

Vorangegangen waren intensive Bemühungen von Else Lasker-Schüler, das Buch im nach Amerika «emigrierten» Teil des Verlages des (selber nach Palästina ausgewanderten) ehemaligen Warenhausbesitzers Salman Schocken herauszugeben. Obwohl Schocken Else Lasker-Schüler finanziell unterstützte, kam es – aus welchen Gründen auch immer – nicht zu einer Veröffentlichung. Das Angebot des Zürcher Buchhändlers und Verlegers Emil Oprecht, das Buch in seinem Verlag zu publizieren, war bestenfalls Else Lasker-Schülers zweite Wahl.

In einem gewissen Sinne verstand Else Lasker-Schüler *Hebräerland* als «Fortschreibung» ihres Werkes *Arthur Aronymus und seine Väter,* wenn sie, in deren ganzem Werk das Wort «Zionismus» kaum vorkommt, an Martin Buber schreibt: «Ich bin keine Zionistin, keine Jüdin, keine Christin, ich glaube aber ein Mensch, ein sehr tief trauriger Mensch.» Dennoch schwärmt sie in *Hebräerland* für die Chaluzim, die Siedler, welche sie «Kolonisten» nennt, ebenso wie sie eine Heimstätte für ihr in der Diaspora zerstreutes (und verfolgtes) Volk fordert. Ähnlich wie in *Arthur Aronymus* der Versöhnung zwischen Juden und Christen das Wort geredet wird, nimmt *Hebräerland* eine solche zwischen Juden und Arabern vorweg. Dass dabei ihre ganze kindliche Naivität zum Ausdruck kommt, zeigt sich etwa darin, dass Else Lasker-Schüler in *Hebräerland* angetreten ist, das «gebenedeite Land zu feiern», fern jeder Objektivität, Distanz oder gar Kritik, obwohl sie auf ihrer Reise Erfahrungen gemacht haben muss, die Anlass dazu geboten hätten, ihre Begeisterung zu dämpfen. «Im Herzensgrunde habe ich das arabische Volk unverhetzt lieb im Lande Palästina.»[18]

Ihre Reiseroute über Genua und Ägypten beschreibend, notiert sie in *Hebräerland,* «aus Glaubensgründen» seien ihre geplanten Leseabende in Alexandria nicht zustande gekommen. In einem Brief an Hugo Bergmann hält sie fest: «In Alexandria sollte ich mir die Reise ermöglichen mit 9 mir versprochenen Vorträgen aber sie mussten zu meinem Herzeleid abgesagt werden, weil [Rudolf] Hess Eltern da wohnen die literarischen Vereine antis[emitisch] verseucht.»

In ihrem eigenen Urteil meint sie: «Ich glaub ich habs gut gemacht, nit langweilig, nit literarisch oder sozialökonomisch oder so etwas langweiliges.» Und weiter in ihrer bildhaften Sprache: «Nun konnte kein

Verlag Oprecht Zürich, 1937.

ELSE LASKER-SCHULER

DAS HEBRÄERLAND

Mensch begreifen, dass ein Buch so zu sagen zuguterletzt in eine Goldwerkstatt muss. Jedes Wort habe ich vergoldet und bin nun selbstzufrieden: Will man von Palästina erzählen – geschmacklos sich einen Plan zu konstruieren. [...] Mögen etliche auch die Übertreibungen –? einer Dichterin wohlwollend hinnehmen aber eine Dichterin musste kommen das gebenedeite Land zu feiern.»
Hebräerland ist, wie oft bei Else Lasker-Schülers Prosawerken, eine kaum entwirrbare Mischung aus Erlebtem, Erfahrenem, Imaginiertem (im Sinne von eingebildet/vorgestellt), schlicht Erfundenem (des Schriftstellers/der Schriftstellerin Privileg) und reiner Phantasie (welch Letzteres – wenigstens in Else Lasker-Schülers Fall – mit Erfundenem nicht immer identisch sein muss).
«Man begegnet allen Arten von Juden, allen Juden der Welt, und beschaut sich gegenseitig überrascht. Schön sind die Samarkander Juden aus Bucharan, stolz der spanische und persische Israelite, und es gibt wohl kein Volk weiter auf der ganzen Erde, das muss uns der grimmigste

und blutigste Gegner lassen, das in mannigfacheren Nuancen existiert, wie das hebräische Volk, das Volk Israel. Und doch ein einziger unbefleckter Jude genügt, sein ganzes Volk, das gesamte Volk der Juden zu repräsentieren, wie ebenso ein ungeläuterter, ein einziger Jude genügt, unser grosses, verheztes Volk in den Staub zu ziehen! Darum ein jeder Jude wache über sich und sein Judentum!

Ich bin eine Hebräerin – Gottes Willen und nicht der Hebräer Willen; doch ich liebe sein kleinstes Volk, die Hebräer, fast wie den Ewigen Selbst. Ich liebe mein Volk, ärgere mich nicht an seinem Satz: Trinke ich doch des Hebräerlandes Traube und ärgere mich nicht des geringen trüben Rests im Glase. Doch der Andersgläubige, der den Satz meines Blutes verhöhnt, geniesse auch nicht mich und – mein Gedicht. *Aber er blicke auf seines eigenen Blutes Boden!*

[…]

Wo soll ich mal wohnen? frage ich mich oft. In Jerusalem oder in Tel-Aviv? ‹Am Morgen in Jerusalem, am Mittag in Tel-Aviv, um am Abend wieder heimzukehren in die Gottesstadt.› Und doch ist das Meer mein einziger Spielgefährte; denn, wie das Meer – ist mein Herz. Freunde sollen sich ähnlich sehen. Ich besitze wohl ganz allein in der Welt so ein Meerherz! Mit den Stürmen stürmend, mit den sich müden Wellen ruhend, aber mit der *Trägheit* des Fliessens im Kampf.

Im Garten der Universität von Jerusalem säume ich auf einer der Gartenbänke schon den ganzen Vormittag, und es kommt mir gar nicht in den Sinn, das unvergleichliche Universitätsgebäude selbst zu betreten. Von einem Abhang des schönen blumenreichen Gartens blicke ich herab auf ein Amphitheater. Das fesselt mich grenzenlos. Ich beginne zu spielen auf seiner Bühne, Joseph und seine Brüder. Trage meine Füsse in hohen ägyptischen Schuhen, in fürstlichem, schwarz- und goldvereintem Leder. Meine Brüder umgeben meinen Thron, und ich streichle ihn. Benjamin. Er trägt die Züge, die verwunschenen, meines teuren Kindes, der auch noch mein junger Bruder gewesen … Zwiefach trauere ich um ihn. Immer ertappe ich mich in der Rolle Josephs. Ich brenne darauf, meine Lieblingsgeschichte einmal hier auf dieser steinernen Urbühne zu spielen in der Ursprache uraltem Hebräisch. Die Seele der Josephs-legende, die einmal Wahrheit gewesen, wieder auferstehen zu lassen, sie zu verkörpern, in meinen Körper zu hüllen.

[…]

Viele der Leser meines Buches werden nach der Lektüre der vielen
Seiten ihre Köpfe tadelnd hin und her wiegen, aber – der liebe Gott
pflegt zu lächeln über meinen Mutwillen! Wie über jede Seiner Kinder
Schelmerei. Er drückt Sein allsehendes Auge zu, wenn ich über die
Hecke Seiner unendlichen Welt springe. Gott unser Vater ist – beiseele
kein Spiessbürger und auch seine Engel nicht.
Palästina ist die älteste Mumie, das uralte königliche Gemeingut der
Menschheit. Sie auszugraben, zu erwecken zum neuen Leben, ist vom
Herrn – der Hebräer auserkoren. Jerusalem ist kein Asyl, das vernehme
gefälligst die Menschheit der ganzen Welt. Jerusalem ist ein *einziger
einiger Tempel*, den der Jude voran und alle Geschöpfe andächtig
respektieren und lieben sollen mit ihrem ganzen Herzen, mit ihrer
ganzen Seele und ihrer ganzen Kraft! Nach dem Angesicht dieses
Tempels richte man auf die Häuser Gottes.
So schwer wie beim Schreiben meines Hebräerlandes habe ich anfänglich gelitten im Lande, hinter den Toren der gebenedeiten Stadt;
zwischen Gesteinen Palästinas gefangen, zwischen Erde und Himmel.»[19]
Die Aufnahme der Publikation von *Hebräerland* war zumindest kontro-
vers. Ein solches Buch konnte 1937 (ähnlich wie gewisse «nur» unterhal-
tende Theaterstücke, auf welche Martin Stern in seinem Beitrag hinweist)
kritischen Zeitgenossen nicht behagen. Die Kritiken waren, bei allem
feststellbaren Wohlwollen der bewunderten Lyrikerin und Dichterin
gegenüber, weitgehend ablehnend. So schrieb Justin Steinfeld in der in
Moskau erscheinenden Exilzeitschrift *Das Wort* – zunächst, was das
Menschliche betrifft, im Gegensatz zum eingangs zitierten Rudolf Jakob
Humm – am Ende des folgenden Zitates in einer wunderbaren Pirouette
dem «sozialistischen Realismus» Reverenz erweisend: «In diesem Buch
ist die Autorin keine Dichterin. Denn billigte man ihr schon, da sie ein
gar so liebenswerter Mensch ist, das Vorrecht zu, in dieser unserer Zeit
unpolitisch zu sein, (– ein Vorrecht welches – nebenbei bemerkt ja auch
Thomas Mann für sich in Anspruch nehmen wollte – d. V.) und weiss
man auch, dass sie von ökonomischen Dingen rein gar nichts versteht, –
aber an aller und jeglicher Wirklichkeit vorbeigehen, das kann, (in dieser
Zeit) kein Dichter. Der biblische Josef war vielleicht ein grosser Träumer,
aber wirklichkeitsfremd war dieser erste und beispiellos gebliebene
Organisator eines Weltgetreidepools nicht».[20]

Dennoch gab es auch andere Stimmen wie etwa Hans Sahl, der am 8. Mai 1937 im *Neuen Tagebuch* schrieb: «Diese Frau, und nur sie, kann es sich gestatten, einer Welt, die nach Tatsachen schreit, den Zauber einer Poesie darzubieten, die allein von der leuchtenden Kraft des Wortes lebt und von seiner dichterischen Offenbarung. Wem dies alles ‹nichts mehr sagt›, wen es nach Statistiken und Aufbauziffern gelüstet, möge gewarnt sein: Es steht nichts Authentisches, nichts ‹Objektives› in diesem subjektivsten aller Palästinaberichte – und doch führt uns das berauschte Wort oft eindringlicher die Realität dieses Landes vor Augen als manche von Material strotzende Musterreportage. [...] Man frage nicht nach dem Wahrheitsgehalt solcher Wachträume. Else Lasker-Schüler erzählt. Sie erzählt, was sie sieht und sie sieht dieses Land Palästina, wie es sich ihrer gläubigen und begeisterten Phantasie darstellt: als ein ‹Badeort für ihre Muse›.»[21]

Allein, ich möchte den Begriff des «Hebräerlandes» nicht auf das gleichnamige Buch, welches Humm beziehungsweise Korrodi auch schon als «Hebräerbuch» betitelt haben, beschränken, zumal Jüdisches und Judentum in mancherlei Facette das Werk Else Lasker-Schülers lange vor ihrer ersten Reise nach Palästina durchziehen. Die Titel früherer Werke sprechen für sich, wie etwa der Gedichtband *Hebräische Balladen* oder der Erzählungsband *Der Wunderrabbiner von Barcelona*.

Arthur Aronymus

In dieser Tradition steht auch ihr Werk *Arthur Aronymus und seine Väter,* dessen Uraufführung am Zürcher Schauspielhaus der Publikation des *Hebräerlandes* vorausgegangen war. Else Lasker-Schüler hatte das Stück noch in Deutschland nach ihrem Buch *Arthur Aronymus. Die Geschichte meines Vaters* geschrieben. Sie hatte für das 1932 im Berliner Rowohlt Verlag erschienene Buch den renommierten Kleist-Preis erhalten, den sie sich allerdings mit dem nachmals wenig rühmlich bekannt gewordenen Richard Billinger zu teilen hatte.

Auch in diesem Falle war eine Uraufführung noch für 1932/33 am von Gustav Hartung geleiteten Landestheater in Darmstadt, dessen damaliger Dramaturg Kurt Hirschfeld war, geplant, mit deren Realisierung Else Lasker-Schüler noch im Februar 1933 rechnete. Dass daraus nichts mehr wurde, bedarf keiner weiteren Erläuterung. Kurt Hirschfeld – mit Gustav Hartung im Frühjahr 1933 entlassen – kam als Dramaturg (und späterer Direktor) ans Zürcher Schauspielhaus, wo er die Idee wieder aufnahm. Nach einer Begegnung mit Leopold Lindtberg und der Gattin des Schauspielhausdirektors Ferdinand Rieser, Marianne – der Schwester Franz Werfels –, deren Einfluss auf das Zürcher Schauspielhaus in diesen Jahren nicht unterschätzt werden sollte, kommt es am 19. Dezember 1936 unter der Regie von Leopold Lindtberg zur Uraufführung. Das Bühnenbild hat Theo Otto entworfen, als Schauspieler wirken unter anderem mit: Grete Heger, Wolfgang Langhoff, Erwin Kalser, Hermann Wlach, Leonhard Steckel, Kurt Horwitz, Ernst Ginsberg. Weitere Aufführungen sind für den 23. und 26. Dezember angekündigt. Am 21. Dezember erscheint in der *Neuen Zürcher Zeitung* folgende Kritik von Alfred Welti: «Das Bekenntnis Else Lasker-Schülers zur konfessionellen Toleranz in Ehren, aber so dick aufgetragen hätte sie es uns dennoch nicht zu demonstrieren brauchen; man kann uns Schweizern in solchen Dingen keine derartige Schwerhörigkeit nachsagen, dass es dieses Winkens mit dem Holzschlegel bedurft hätte um sich Aufmerksamkeit zu verschaffen.» Und weiter: «Bühnentechnisch betrachtet handelt es sich um ein Bilderstück von mehr lockerer Bindung. Einzelne Bilder sind hübsch und wirksam geschlossen, andere zerflattern in der Vorstellungswelt einer Frau, als deren bestes dichterisches Gut wir nach wie vor ihre Lyrik schätzen.»[22]

Nach einer Äusserung von Kurt Horwitz soll diese Kritik genügt haben – Martin Stern weist auf das «labile Gleichgewicht», welches Ferdinand Rieser zu beachten hatte, hin –, das Stück nach nur einer weiteren Aufführung am 23. Dezember abzusetzen. Leopold Lindtberg seinerseits spricht von einer persönlichen Auseinandersetzung der zweifellos ambitiösen Marianne Rieser mit Else Lasker-Schüler, worauf eine allerdings nicht abgesandte Karte im Nachlass von Else Lasker-Schüler in Jerusalem hindeutet. Darin versichert Else Lasker-Schüler Marianne Rieser, sie – Marianne Rieser – treffe keine Verantwortung für die Absetzung des Stückes. Eine ebenfalls als Absetzungsgrund erwähnte Intervention der Deutschen Gesandtschaft erscheint – auch weil sich dafür keinerlei Belege eruieren liessen – im Gegensatz zu manchen anderen Fällen gänzlich unwahrscheinlich. Wogegen hätte sich der Einspruch inhaltlich auch richten sollen, ohne sich selbst zu dekuvrieren.

Else Lasker-Schüler versuchte in einem mehrseitigen Schreiben vom 28. Januar 1937 an die Redaktion der *Neuen Zürcher Zeitung*, welche in den Jahren zuvor (vor allem 1934) einige Prosaminiaturen von ihr publiziert hatte, ihrer Enttäuschung über die Absetzung und ihrer Anerkennung für die Schauspieler und deren Leistung Ausdruck zu verleihen.

Der Brief endet: «Wochen sind nun ohne Arthur Aronymus und seine Väter verstrichen – noch blickt der Himmel ergraut über die schöne Stadt Zürich und durch die Scheiben meines Fensters. Die mir längst vertraute Stadt aus Wasser und Kristall vervielfältigt mir heute mein trübes Bildnis wie jüngst nach dem Tage der reichen Bescherung am Abend des 19. Dezember. Alle die Schockoladen und Marzipane lagen dann mit schwärzester Drucktinte bespritzt. Einsam wandelte ich durch das nachtverdunkelte Zürich und sagte zu Gott: Nimm die Bürde der Dichtung von mir.»[23]

Immerhin nimmt auch Thomas Mann – in diesen Jahren der wohl prominenteste Emigrant in Zürich (und der Schweiz) an der Premiere des Arthur Aronymus teil. An Else Lasker-Schüler schreibt er zwar am 5. Februar 1937 noch: «Wie gut dass ihr liebes Stück wieder aufgenommen wird», nachdem er unter dem 19. Dezember 1936 nach der Uraufführung seinem Tagebuch anvertraut hatte: «Abends mit K[atia] und [Hans] Reisiger ins Schauspielhaus. Ein langes, ungeordnetes aber liebenswürdiges rheinisches Judenstück der Lasker-Schüler, das grossen Erfolg hatte.»[24]

Zu einem Vorleseabend aus *Hebräerland* schreibt Thomas Mann unter dem 4. März aus Küsnacht an Else Lasker-Schüler: «Verehrte Dichterin, herzlich gern wollen wir kommen, um Sie zu hören am 19ten und danken vielmals für die freundliche Einladung. Wir freuen uns auf die schönen Eindrücke, die unserer warten und hoffen Sie am Schluss des Abends zu begrüssen und Ihnen zu danken. Ihr ergebener Thomas Mann».[25]

In seinem Tagebuch vermerkt er unter dem 19. März dann allerdings nur: «K[atia] und Medi nach dem Abendessen zur Vorlesung der Lasker-Schüler.»[26] Es scheint, als habe er selbst sich diesem Anlasse entzogen.

Arthur Aronymus ist sowohl in der Prosafassung wie als Theater ein Stück, in welchem sich westfälisches Bauerntum, katholische Mystik und jüdische, rabbinische Tradition – mit anderen Worten die Herkunft

ihres Vaters Aron Schüler und damit auch Else Lasker-Schülers –
verbinden. Bischof und Rabbiner besuchen sich – noch heute aus
religiösen Gründen beinahe eine Unmöglichkeit – gegenseitig zum Fest.
Weihnachten und Pessach werden mit der gleichen Ehrerbietung in der
Feier zur Darstellung gebracht, welche Aron Schüler aus der Perspektive eines zehn- bis elfjährigen Kindes mehr erfährt als erlebt.
Mit einer Passage aus der Prosafassung möchte ich dies zu veranschauli-
chen suchen: «Sympathisch berührte es seine Gnaden [den Bischof],
dass die Ärmsten der jüdischen Gemeinde, sieben Israeliten geladen
waren, am Ostermahle teilzunehmen; und Vater Schüler und seine
liebreiche Gattin in taktvollster Weise sich gerade um diese Gäste zu
bemühen schienen. ‹Hier unser lieber, verehrter Gast und Osterbruder:
Perlmutter. Er fehlt nie an diesem Abend an unserem Tische. Und jener,
mein Freund›, der Vater zeigte auf den Hausierer, den Arthur mit Willi
und Kaspar noch vor einem Jahr zu verspotten pflegten, ‹mein lieber
Freund›, wiederholte der Vater ‹Lämmle Zilinsky aus Lemberg.› Der
blickte verstört an seinem Kaftan auf und nieder. ‹Und jene wissens-
bedürftigen beiden Brüder, Siegfried und Alexander Ostermorgen,
bitten um Eurer Gnaden Fürsprache beim Rektor in Paderborn.› Der
greise Nachtwächter, der sich heute schon am Mittag erhoben hatte,
suchte gewohnheitsmässig nach seinem Horn, aber der Vater der das
bemerkte, legte seinen Arm um seine schmale Schulter und meinte zum
Bischof sich neigend: ‹Dieser nimmermüde Schutzpatron von Gäsecke
hat viel gewacht und sich darum tief versenken können in das Wort des
Herrn.› Dasselbe hätte Grossvater-Rabbuni sagen können – und Arthur
hasste im Augenblick unbegreiflich seinen gewandten Papa. – Und nun
kam der geschwätzige Handwerksbursche an die Reihe. Als seinen
Schulfreund stellt er ihn dem hohen geistlichen Gast vor: ‹Nathanael
Brennessel, unser unermüdlicher Wanderer.› Heiliger Strohsack, dachte
Aronymus und streckte heimlich der erschrocken abwehrenden Dora,
die seit kurzem gern ‹erwachsen› spielte, die Zungenspitze heraus, denn
Brennessel hatte ja den Bernhard auf dem Papststuhl sitzen sehen.
Neben dem flotten Wanderer lächelte mit weitaufgetanen Augen, armen
Augen: ‹Josefje›, des ältesten Perlmutter: Sohn. Der konnte Träume
deuten wie Josef von Ägypten … Endlich brachte Christine die damp-
fende Ostersuppe mit den ‹leckeren Klöskens› auf den Tisch und die
Eltern bemerkten mit Freuden, dass ihr fürstlicher Gast kein Kostver-

ächter war. Und ihm auch das ungesäuerte Brot, im Tropfen Mosel getaucht, vorzüglich mundete. Er bat seinen verehrten Gastgeber, genau wie an jedem vorangegangenen Osterabend die Zeremonie einzuhalten, nicht etwa zu kürzen; er käme sich sonst wie ein Eindringling vor und er fühle sich doch wie zu Hause. Und in der Zeit, in der der Vater und der Bischof über die Worte der Thora diskutierten, die geschrieben wurde mit Blitz und Donner von Gottselbst in Harfenschrift, zeigte Arthur Aronymus, glückselig seinen heimgekehrten Freund wieder bei sich zu haben, ihm den neuen Turm im Spielzimmer, den er aus tausend Klötzen und bunten Steinen erbaut hatte. Er wollte doch gerade wieder fluchen, aber Bernard merkte es noch frühzeitig und Aronymus schluckte den kleinen zischenden Teufel mit Haut und Haaren herunter. ‹Und gehalten wird das Gesetz› erklärte gerade der Vater, als Bernard mit meinem kleinen Papa an der Hand, wieder in die grosse Essstube eintrat, ‹sorglich wie ein Kind im samtenen Tragkleid und Schellengeschmeide …› Seine Gnaden bejahten aufmerksam jedes Wort des klugen Herrn Vaters, meines Vaters Vater mit wohlwollender Geste und beide kamen darüber ein, ‹mit ein bisschen Liebe gehts schon, dass Jude und Christ ihr Brot gemeinsam in Eintracht brechen› – ‹noch wenn es ungesäuert gereicht wird›, vollendete artig die Mutter meines nun auch schon in Gott ruhenden Vaters: Arthur Aronymus.»[27]

Ernst Ginsberg überliefert in seinen Erinnerungen auch das Folgende ihm (und mir) für Else Lasker-Schüler in gewisser Weise typisch Erscheinende: «Ich habe sie nicht mehr wiedergesehen. Dennoch habe ich auf eine Weise wie sie zu Else Lasker-Schüler passte, nach ihrem Tode einen Gruss von ihr empfangen. An dem Tage, an dem das schon erwähnte Buch ‹Auswahl aus ihren Werken›, die ich besorgt hatte, erschien – wohl gemerkt: an demselben Tag –, rief mich ein Bekannter an und fragte, ob ich alle Werke der Else Lasker-Schüler besässe. Ich sagte, dass ich glaubte, alles zu besitzen. Er fragte: ‹Auch jenes nur in wenigen hundert Exemplaren erschienene Buch ‹Theben›, in dem sie als es ihr einmal sehr schlecht ging, handgeschriebene Gedichte und eigenhändige Zeichnungen veröffentlicht hat?› Ich sagte, dass ich derlei Raritäten natürlich nicht besässe. Mein Freund erklärte, er könne mir die Freude machen, mir eines dieser seltenen Exemplare zu beschaffen, er habe es bei einem Zürcher Antiquar gesehen und für mich reservieren lassen. Es

habe freilich einen Schönheitsfehler: Wie alle diese Bücher trüge auch dieses auf der ersten Seite eine persönliche Widmung der Lasker. Ich erklärte, dass mich das nicht stören würde.
Wenige Stunden später hielt ich das kostbar in blau eingebundene Buch in der Hand. Ich schlug es auf und las – keine namentliche Widmung, wie ich erwartet hatte, sondern den Satz: ‹Demjenigen, der dieses Buch erwirbt, Glück und Freude fürs ganze Leben!› – Das war Else Lasker-Schülers Dank und Abschiedsgruss.»[28]
Beschliessen soll diesen Beitrag das mit *Gebet* betitelte Gedicht aus diesem Band, für mich eines der schönsten Gedichte von Else Lasker-Schüler, auch wenn sie in den Städten ihres Exils Zürich und Jerusalem den «Engel vor der Pforte» kaum gefunden haben dürfte.

Gebet

Ich suche allerlanden eine Stadt
die einen Engel vor der Pforte hat.
Ich trage seinen grossen Flügel
Gebrochen schwer am Schulterblatt
Und in der Stirne seinen Stern als Siegel.

Und wandle immer in die Nacht.
Ich habe Liebe in die Welt gebracht –
Dass blau zu blühen jedes Herz vermag,
Und hab ein Leben müde mich gewacht,
in Gott gehüllt den dunklen Atemschlag.

O Gott, schliess mich in Deinen Mantel fest;
Ich weiss, ich bin im Kugelglas der Rest,
Und wenn der letzte Mensch die Welt vergiesst,
Du mich nicht wieder aus der Allmacht lässt
Und sich ein neuer Erdball um mich schliesst.[29]

Und vergessen Sie nicht mich zu benachrichtigen, wenn Sie ein Buch von Else Lasker-Schüler mit dem Schönheitsfehler einer persönlichen Widmung entdecken sollten. Was Ernst Ginsberg recht, wäre mir billig. Es störte mich nicht.

Anmerkungen

1   Rudolf Jakob Humm: Bei uns im Rabenhaus, Frauenfeld 2002, S. 41 f.

2   Thomas Mann: Briefe 1889–1936, Frankfurt am Main 1961, S. 411.

3   Hermann Hesse – Thomas Mann: Briefwechsel, Frankfurt am Main 1975, S. 101.

4   Der Zürcher Buchhändler und Verleger Max Rascher (1883–1962).

5   Hesse (wie Anm. 2), S. 103.

6   Hans Sahl: Das Exil im Exil, Frankfurt am Main 1990, S. 56.

7   Ernst Ginsberg: Abschied. Erinnerungen, Theateraufsätze, Gedichte, Zürich 1965, S. 157 f.

8   Ebd., S. 154 f.

9   Else Lasker-Schüler: Mein blaues Klavier. Neue Gedichte, Jerusalem 1957, S. 25.

10   Schalom Ben Chorin: Prinz Jussuf in Jerusalem. In: Else Lasker-Schüler: Dichtungen und Dokumente, München 1951, S. 583.

11   Lektor des Schocken Verlages in Berlin, den er bis 1938/39 zusammen mit Lambert Schneider leitete, bevor er nach Jerusalem floh.

12   Lasker-Schüler (wie Anm. 8), S. 28.

13   Gesang auf dem Wege. Gedichte, Schriftenreihe Über die Grenzen 1, Affoltern am Albis 1945.

14   Ferdinand Lion: Mass und Wert, in: Akzente, München, 1. Februar 1963, Sonderheft 10 Jahre Akzente.

15   Ausstellung Else Lasker-Schüler, Zürich Museum Strauhof, 1995. Nach dem Manuskript.

16   Ebd.

17   Sigrid Bauschinger: Else Lasker-Schüler. Ihr Werk und ihre Zeit, Heidelberg 1980, S. 264.

18   Else Lasker-Schüler: Dichtungen und Dokumente, München 1951, S. 310.

19   Ebd., S. 326 f., 329–331.

20   Justin Steinfeld: Hebräerland. Else Lasker-Schüler und der Duce, in: Das Wort, Moskau, Heft 9, September 1937, S. 68–72.

21   Hans Sahl: Essays und Kritiken, Frankfurt am Main 1991, S. 125 f.

22   Alfred Welti, in: Neue Zürcher Zeitung, 21. Dezember 1936.

23   Else Lasker-Schüler an die Redaktion der Neuen Zürcher Zeitung, 28. Januar 1937.

24   Thomas Mann: Tagebücher 1935–1936, Frankfurt am Main 1978, S. 410.

25   Thomas Mann: Briefwechsel mit Autoren, Frankfurt am Main 1988, S. 326.

26   Thomas Mann: Tagebücher 1937–1939, Frankfurt am Main 1980, S. 42.

27   Else Lasker-Schüler: Arthur Aronymus. Die Geschichte meines Vaters, Berlin 1932, S. 69–73.

28   Ernst Ginsberg: Abschied. Erinnerungen, Theateraufsätze, Gedichte, Zürich 1965, S. 158 f.

29   Else Lasker-Schüler: Theben, Gedichte und Lithographien, Frankfurt am Main, Berlin 1923, S. 9.

Autorinnen und Autoren

Albert M. Debrunner
* 1964, Dr. phil., lebt in Basel. Er hat Englisch, Deutsch und Philosophie studiert. Er promovierte an der Universität Basel mit einer Arbeit über den Schweizer Aufklärer Johann Jakob Bodmer. Seine besondere Aufmerksamkeit gilt dem 18. und dem frühen 20. Jahrhundert. Er interessiert sich aber auch für Schweizer Literatur allgemein, für die Kulturgeschichte des Oberrheins, für die Boheme am Bodensee, den Monte Verità, das Mittelalter, William Morris, Schottland etc. Albert M. Debrunner ist in jeglicher Hinsicht ein Sammler, sei es von Büchern, Gedanken oder Erinnerungen. Es ist ihm indes ein Anliegen, als Autor und Lehrer seine Schätze mit anderen zu teilen.

Martin Dreyfus
aufgewachsen in Basel. Ausbildung zum Sortiments-, später Verlagsbuchhändler, einige Berufsjahre in beiden Bereichen, parallele Tätigkeit als Lehrbeauftragter und Kursleiter. Weiterbildung in Erwachsenenbildung (SVEB) und Kulturmanagement (Universität Basel/Stapferhaus Lenzburg). Arbeitet als Antiquariatsbuchhändler, Herausgeber/Lektor und literarischer Spaziergänger in Zürich.

Ernst Lichtenhahn
* 1934, Schweizer Musikwissenschaftler. Studien an der Universität und der Musik-Akademie in Basel, Promotion 1966 mit einer Arbeit über Robert Schumann. 1969 Professor an der Universität Neuchâtel und Lektor an der Universität Basel, 1982 Professor an der Universität Zürich für Musikwissenschaft und Musikethnologie. Publikationen zur Musikgeschichte und Musikästhetik insbesondere des 18., 19. und 20. Jahrhunderts. Musikethnologische Feldforschungen in der südlichen Sahara seit 1971. Präsident der Schweizerischen Musikforschenden Gesellschaft 1974–1996.

Nicole Rosenberger
* 1965, Dr. phil., Dozentin. Studium der Germanistik, Geschichte und Publizistikwissenschaft. Promovierte an der Universität Zürich über Ilse Aichinger (Poetik des Ungefügten. Zur Darstellung von Krieg und Vefolgung in Ilse Aichingers Roman «Die grössere Hoffnung», Zürich 1998). Verschiedene Publikationen zur deutschen Gegenwartsliteratur, zur Schweizer Literatur des 19. und 20. Jahrhunderts sowie zur nationalen Identitätsbildung.

Thomas Sprecher
* 1957, Studium der Germanistik und Philosophie in Zürich und Berlin (Dr. phil. I), dann der Rechtswissenschaft (lic. iur.). 1985–1988 Assistent für Neuere deutsche Literatur, 1989–1991 Auditor und Gerichtssekretär, seit 1992 als Rechtsanwalt in einer grösseren Kanzlei in Zürich tätig. Seit 1994 nebenamtlicher Leiter des Thomas-Mann-Archivs der ETH Zürich. Wichtigste Publikationen: Thomas Mann in Zürich (1992); Davos im «Zauberberg» (1996), Karl Schmid: Gesammelte Werke und Briefe in acht Bänden (Hg., 1998/2000); Die schweizerische Stiftung (1999); Das Unbewusste in Zürich (2000); Die Familie Mann in Kilchberg (2000).

Martin Stern
Dr. phil., ist emeritierter Professor für Neuere deutsche Literaturwissenschaft an der Universität Basel. Studium der Germanistik, Anglistik und Romanistik in Zürich, Paris, Harvard; Dissertation und zahlreiche Veröffentlichungen über Hofmannsthal; Habilitation 1965 in Zürich; ordentlicher Professor in Frankfurt am Main 1967, ab 1968 in Basel. Forschungsschwerpunkte: Goethezeit, Vormärz, Realismus und Expressionismus; Drama und Dramentheorie, besonders Komödie; Schweizer Literatur des 19. und 20. Jahrhunderts. Bücher: Expressionismus in der Schweiz, 2 Bände, Bern, Stuttgart 1981; Fünf Komödien des 16. Jahrhunderts (mit Walter Haas), Bern, Stuttgart 1989; Basler Hofmannsthal-Beiträge (mit Karl Pestalozzi), Würzburg 1991; Hugo von Hofmannsthal: Sämtliche Werke, Bd. XII: Dramen 10: Der Schwierige, Frankfurt am Main 1993; Kein einig Volk. Fünf schweizerische Zeitstücke (mit Ursula Käser-Leisibach), Bern, Stuttgart 1995.